MORITZ ZIERLEIN

SPIELINTELLIGENZ IM FUßBALL TRAINIEREN MIT KINDERN UND JUGENDLICHEN

Email: info@edition-lunerion.de
www.edition-lunerion.de

Psiana eCom UG
Berumer Str. 44
26844 Jemgum

Inhalt

Vorwort

Fußball ist Ihre große Leidenschaft und die leben Sie auch als Nachwuchs-Trainer? Ihr Kind hat die Begeisterung von Ihnen geerbt und Sie möchten den kleinen Athleten optimal unterstützen? Sie interessieren sich grundsätzlich für die mentale Seite des Sports und wollen mehr über den Aspekt der Spielintelligenz erfahren? Dann reservieren Sie diesem Buch ab sofort einen Platz an der Seitenlinie!

Ballgefühl, körperliche Ausdauer, Geschicklichkeit und Disziplin beim Training: Ohne diese Faktoren läuft im Hobby- und Profibereich keine Fußballerkarriere rund, aber das reicht nicht aus – um auf dem Platz zu brillieren, braucht es Spielintelligenz. Situationen erkennen, analysieren, verstehen und blitzschnell lösen, das sind die Fähigkeiten, die erfolgreiche Spieler ausmachen, und zum Glück lässt sich das von klein auf spielerisch, effektiv und mit Spaß trainieren. In diesem Buch entdecken Trainer, Eltern und Fußballbegeisterte zahlreiche Ansätze, mit denen sie altersgruppengerecht die fußballerische Entwicklung in den Bereichen Athletik, Technik, Mentales, Taktik und Spielintelligenz fördern. Zudem finden Sie heraus, worauf es bei der kognitiv-sozialen Entwicklung junger Spieler wirklich ankommt, und entwickeln Trainingskonzepte, die zu langfristigen Erfolgen führen. Der Theorie-Ansatz ist für Sie Neuland? Keine Sorge! Denn mit den leicht verständlichen Erläuterungen und detailliert beschriebenen Übungen steigen auch Anfänger problemlos in die Thematik ein und bieten dem Nachwuchs Training, das ihn wirklich weiterbringt.

Anpfiff

Fußball ist eine magische Sportart, die Menschen auf der ganzen Welt vereint. Fußball kennt keine Grenzen, sondern spricht vielmehr eine universelle Sprache, die wir alle verstehen. In den Stadien dieser Welt füllen Fans die Luft mit Gesängen und ihre Liebe und Leidenschaft zum Fußball wird zum pulsierenden Herzschlag des Spiels. Die euphorisierenden Momente, in denen auf dem Platz das entscheidende Tor fällt und die Menge in Jubel ausbricht, sind die Momente, die uns alle miteinander verbinden.

Doch im Fußball geht es um so viel mehr als um Sieg oder Niederlage. Es geht um die Magie der Gemeinschaft, den Geist des Spiels, den Zauber des Augenblicks, den Kampf mit Herz und Seele und um all die Erinnerungen, die für immer Teil unseres Herzens sein werden. Es sind diese Emotionen, die uns antreiben und die den Fußball in all seinen Farben zu einer Leidenschaft machen.

Fußball ist dabei jedoch nicht nur ein leidenschaftliches Spiel, sondern gleichzeitig auch eine komplexe Sportart, die neben körperlichen Fähigkeiten auch geistige Qualitäten erfordert. Während technische und athletische Fähigkeiten dabei häufig im Fokus der Aufmerksamkeit stehen, ist die Spielintelligenz ein oftmals übersehener, aber dennoch entscheidender Aspekt, der auf dem Spielfeld über Erfolg oder Misserfolg entscheiden kann. Aus diesem Grund widmet sich das vorliegende Buch den verschiedenen Facetten der Spielintelligenz und zielt darauf ab, ein tieferes Verständnis für diese zu entwickeln.

Das Buch kann dabei als Leitfaden für Spieler, Trainer und Fußballbegeisterte dienen, um tiefer in die Welt des Fußballs einzutauchen. Im ersten Kapitel steigt das Buch dafür mit einigen grundlegenden Gedanken zum Fußballtraining für Kinder ein und liefert wichtige Impulse zu Lehr- und Lernmethoden.

Anschließend widmet sich das Buch in einem umfangreichen Grundlagenkapitel der Thematik der Spielintelligenz und beleuchtet im Zuge dessen den Lernprozess von Kindern, die Entwicklungsziele und die effiziente Förderung der Spielintelligenz sowie die vier Phasen beim Lösen eines Fußballproblems. Daran anknüpfend werden die vier Dimensionen der Förderung von Fußballkönnen erläutert, zu denen die Athletik, die Technik, die mentalen Faktoren sowie die Taktik bzw. die Spielintelligenz gehören. Zum Abschluss des ersten Teils des Ratgebers wird außerdem das fünfstufige Entwicklungsmodell von Kindern in der Fußballspielintelligenz dargelegt, das auf den Fußballpädagogen Horst Wein zurückgeht.

Im zweiten Teil nimmt uns das Buch auf einen kleinen Exkurs in die Entwicklungspsychologie mit, in dem die physischen Kompetenzen und emotional-sozialen Bedürfnisse von Kindern in unterschiedlichen Altersklassen umrissen werden.

Im Anschluss folgen dann die tragenden Elemente dieses Buches, indem die fünf Entwicklungsstufen des Entwicklungsmodells jeweils aufgegriffen und innerhalb der vier Dimensionen zur Förderung von Fußballkönnen eine Vielzahl unterschiedlicher Übungen, Trainings- und Spielformen präsentiert werden, um die athletischen, technischen, mentalen und taktischen Fähigkeiten der Spieler zu fördern.

Im neunten Kapitel wird dann ein Ausblick zur weiterführenden Stimulierung und Förderung der Spielintelligenz präsentiert, bevor der Bonus zur Torhüterentwicklung sowie letzte Schlussgedanken das Buch beschließen.

Einführung

Es gibt keine andere Sportart, die Kinder und Erwachsene so sehr begeistert, mitreißt, bewegt und eine so große Anziehungskraft hat wie der Fußball. Wer einmal das Mannschaftstrikot angezogen, die Fußballschuhe geschnürt und auf dem Rasen des Fußballplatzes ins Stadion eingelaufen ist, die motivierenden Worte und Zurufe der Fans von der Seitenlinie aus gehört und das unbeschreibliche Erfolgsgefühl nach einem harten und spannenden Spiel gefühlt hat, kann dem magischen Bann des Fußballs nur schwer entfliehen.

Fußball bedeutet Spaß, Ausgleich, Erfolg, Niederlage, Einsatz, Disziplin, Ehrgeiz und Leidenschaft. Anfänglich abstrakte Begriffe wie Mannschaftssport oder Teamfähigkeit nehmen durch den Fußball auf einmal Farbe an und die Mannschaft, die zu Beginn nur aus fremden Gesichtern bestand, entwickelt sich im Laufe der Jahre zu einer zweiten Familie. Fußball ist mehr als nur zwei Tore und ein Ball und die Erfahrungen und Erlebnisse, die die Spieler beim Fußball sammeln, sind unheimlich wertvolle Mosaike, die sie für den Rest ihres Lebens prägen werden.

Leider wird Fußball für Kinder in vielen Vereinen auf dieselbe Art und Weise gelehrt wie für Erwachsene. Dabei wird das Spiel selbst nicht an die jeweiligen Entwicklungsstufen der Spieler inklusive ihrer physischen und psychischen Fähigkeiten angepasst, wie es auf den folgenden Seiten dieses Buches vorgeschlagen wird. In vielen Vereinen wird heutzutage immer noch nach konventionellen und veralteten Lehr- und Lernmethoden mit geringer Effektivität trainiert, anstatt diese durch programmiertes Lehren und Lernen abzulösen. Dadurch sind viele Trainingseinheiten, die der traditionellen Prägung des Fußballs unterliegen und sich weder den einzelnen Entwicklungsphasen anpassen noch die typischen psychophysischen Begebenheiten der Spieler berücksichtigen, immer noch weit verbreitet.

Um die Erfolge in allen Vereinen des Kinder- und Jugendfußballs optimieren zu können, ist es maßgeblich, eine entsprechende Didaktik und Methodik einzuführen, die für Kinder und Trainer als Orientierung fungiert und die es insbesondere allen Spielern ermöglicht, untereinander dieselben Entwicklungsmöglichkeiten zu haben.

Da die besten Fußballtrainer mit der meisten Erfahrung eher im Erwachsenenfußball tätig sind, da sie dort deutlich höhere Gehälter bekommen, coachen tendenziell eher weniger erfahrene Trainer die Mannschaften im Kinder- und Jugendbereich. Die Verantwortlichen in den Verbänden sollten diesen weniger erfahrenen Trainern nun präzise Hinweise und Leitlinien an die Hand geben, die aufzeigen, welche Inhalte, Trainingsaspekte, Spielformen und Wettkämpfe in den entsprechenden Altersstufen die Spielfähigkeit der jungen Spieler am effektivsten und nachhaltigsten stimulieren können.

In erster Linie sprechen dabei die Komplexität eines Fußballspiels sowie sein Schwierigkeitsgrad für ein optimales und kindgerechtes Lehr- und Lernmodell, das die Mängel der traditionellen Lehrweise des Fußballs beheben und das Potential der Spieler nicht weiter ausbremsen soll. Oftmals lässt sich beobachten, dass Trainer dazu neigen, alles kontrollieren zu wollen, anstatt ihren Spielern den Raum zur Entfaltung ihrer Kreativität, Fantasie und Vorstellungskraft zu geben. Anstatt also die Spieler instruieren und für sie denken zu wollen, sollten diese vielmehr mit alterskonformen Problemen und Schwierigkeiten auf dem Platz konfrontiert werden und anschließend in der Lage sein, diese selbstständig zu lösen.

Anleitende Methoden, Hinweise und auf die jungen Spieler angepasste Leitlinien würden also nicht nur dazu beitragen, unerfahrene Trainer anzuleiten und ihnen auf und neben dem Platz als unterstützende Hilfe zur Verfügung zu stehen, sondern würden auch Fehler und Irrtümer beim Lernen zunehmend verhindern, zur optimalen Nutzung des Potentials zahlreicher Spieler beitragen und das Spielniveau damit bereits in jungen Altersklassen erheblich anheben.

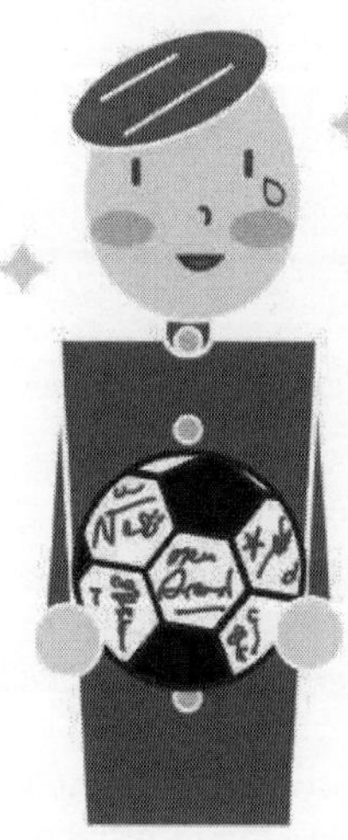

Spielintelligenz – von klein auf erfolgreich fördern

Wie Kinder lernen

Grundsätzlich ist das Lernen ein **komplizierter und vielschichtiger Prozess**, der ein Leben lang andauert. Beim Lernen werden permanent neue Erfahrungen mit bereits erlangtem Wissen verglichen und alte sowie aktuelle Informationen, durch intakte Wahrnehmungskanäle, zu neuen Erkenntnissen gruppiert, wodurch unser Grundwissen stetig anwächst. Wie schnell und gut Kinder dabei lernen und sich entwickeln, ist von einer Reihe unterschiedlicher Faktoren abhängig und deshalb immer individuell. Neben den **Erbanlagen**, die für die kindliche Entwicklung die Grundlage bilden, sind auch der **Erziehungsstil** der Eltern, die **Umwelt** sowie die **sozialen, gesellschaftlichen und kulturellen Einflüsse** von bedeutender Rolle.

Die Lernentwicklung von Kindern orientiert sich immer an ihren eigenen kognitiven Möglichkeiten – also an den Fähigkeiten, zu planen, zu denken und sich zu erinnern. Die Grundlage dieses Lernvorgangs legen dabei unterschiedliche Sinne sowie Wahrnehmungsbereiche inklusive deren Vernetzung und Integration. Auf der anderen Seite können Entwicklungsstörungen der

- Grobmotorik (umfasst alle Bewegungsfunktionen des Körpers, die zur Gesamtbewegung dienen),
- Feinmotorik (zielgerichtetes und koordinatives Zusammenspiel kleiner Muskelgruppen),
- vestibulären Wahrnehmung (Gleichgewichtssinn),
- taktilen Wahrnehmung (Tastsinn),
- visuellen Wahrnehmung (Sehsinn) oder
- auditiven Wahrnehmung (Hörsinn)

zu Problemen oder Schwierigkeiten in der individuellen Lernentwicklung eines Kindes führen.

Obgleich der Stand der Forschung zum kindlichen Lernen immer noch in den Kinderschuhen steckt, viele Fragen bislang nicht abgeschlossen geklärt werden konnten und es unterschiedliche Auslegungen der Ergebnisse vergangener Forschungen gibt, sind sich Forschende dennoch einig, dass Kinder **anders als Erwachsene** lernen. Kinder sind wahre Lernwunder und unser Gehirn wird im Laufe unseres Lebens nie wieder so leistungsfähig sein wie in jungen Jahren.

Aus neurobiologischer Perspektive ist das Lernen mit einem permanenten Aufbau von Neuronenpopulationen im Cortex (Hirnrinde) vergleichbar.

Neugeborene kommen mit etwa 100 Millionen Neuronen auf die Welt, die sehr lose miteinander verknüpft sind. Da Babys unmittelbar nach der Geburt anfangen, zu lernen, vergrößert sich ihre Gehirnmasse bereits im Laufe des ersten Lebensjahres, wodurch feste Verbindungen zwischen den Neuronen entstehen und sich Neuronenpopulationen bilden.

Im Zentrum des Gehirns befindet sich das limbische System (Limbus), das unter anderem aus dem Hippocampus, der Amygdala und dem Gyrus cinguli besteht. Jeder neue einkommende Reiz bzw. jedes neuronale Signal passiert zunächst das limbische System und wird erst im Anschluss in den Cortex weitergeleitet. Die ankommenden Reize werden dabei nach den Kriterien bekannt und unbekannt, wichtig und unwichtig sowie angenehm und unangenehm vom Limbus bewertet, wobei der Informationsinhalt permanent mit dem bereits vorhandenen Wissen verglichen und darüber hinaus im Hippocampus emotional bewertet wird. Wenn der einkommende Reiz als unwichtig empfunden wird, wird dieser nicht weitergeleitet und hat somit keine Chance, als feste Neuronenpopulation im Cortex anzukommen.

Der Lernerfolg kann somit mit der Modulierung von synaptischen Verbindungen verknüpft werden. Je mehr solcher Verbindungen dabei entstehen und sich durch regelmäßige Wiederholungen verfestigen, umso besser kann das neu erlernte Wissen in die bereits vorhandene Wissenswelt eingegliedert werden.

Wie offen wir Menschen dabei für verschiedene Lernmöglichkeiten sind, spiegelt sich in unserer Synapsenanzahl im Gehirn wider, die sich in den ersten Monaten unseres Lebens exponentiell vermehrt und bereits in einem Alter von einem bis drei Jahren den höchsten Stand erreicht. Anschließend nimmt die Anzahl der Synapsen wieder ab, da wir nicht mehr für jeden Reiz offen sind, sondern vielmehr die Reize bevorzugen, die uns bereits bekannt sind.

Beim Lernen spielt grundsätzlich der Faktor **Begeisterung** eine ganz wesentliche Rolle, da er sich positiv auf die Lernbereitschaft sowie die Lernintensität von Kindern auswirkt.

Kindliche Begeisterung kann jedoch nur dann entstehen, wenn Kinder im Alltag nicht permanent Problemen, Sorgen oder existentiellen Ängsten ausgesetzt sind. Sobald negative Emotionen das Leben eines Kindes dominieren, ist kaum oder gar kein Raum für positive Emotionen, wie Begeisterung, übrig. **Positive Emotionen**, die mit dem **individuellen Interesse** eines Kindes verknüpft sind, sind also eine gute Basis für einen Lernprozess, der mit Freude erfüllt ist.

Für Kinder ist das ganze Leben ein Spiel und **spielerisches, entdeckendes, vorurteilsfreies, mit viel Spaß und nach individuellem Interesse** gestaltetes Lernen eine Selbstverständlichkeit. Kinder differenzieren nicht zwischen Freizeit und Arbeit, sondern lernen ununterbrochen neue Dinge kennen. Das

Spiel ist dabei die kindliche Methode, um zu lernen, sich in der Welt zurechtzufinden und diese zu erobern.

Darüber hinaus benötigen Kinder **sinnliche Erfahrungen**, um zu lernen. Sie müssen die Dinge anfassen, greifen, beobachten und beim Kennenlernen so viele Sinne wie nur möglich einsetzen. Kinder lernen nicht nur mit ihrem Kopf, sondern **ganzheitlich** – sowohl ihr Körper als auch ihr Geist sind Teil des Lernprozesses. Je mehr sie ihren Körper also aktiv zum Einsatz bringen, umso besser ist ihr Lernerfolg. Obwohl Kinder Reize von außen benötigen, um mit diesen arbeiten und lernen zu können, sollte es dabei jedoch niemals zu einer Reizüberflutung kommen, und Kinder dürfen nicht, aufgrund der Masse an Eindrücken, überfordert werden.

Lernen ist ein **sozialer Akt** und der Austausch mit anderen Menschen deshalb die Grundlage für den Lernerfolg. Gerade bei Kindern lässt sich das Lernen durch **Kommunikation** gut beobachten. Immer wieder suchen sie Menschen, denen sie ihre Erlebnisse, Erfahrungen und Erfolge erzählen können. Dabei sind Freunde und Spielkameraden wichtig, mit denen das Kind auf Augenhöhe kommunizieren kann. Doch auch mit Erwachsenen sollten Kinder regelmäßig reden, insofern sich diese als Mitspieler in die Welt des Kindes integrieren können. Grundsätzlich benötigen Kinder ein **soziales Umfeld**, in dem ihnen Raum geboten wird, Fragen zu stellen, und in dem ihnen auch Antworten gegeben werden. Kinder können sich nicht alles direkt über ihre eigene Umwelt erschließen und sind deshalb darauf angewiesen, über die Welt zu kommunizieren und mit ihr verbundene Erfahrungen zu sammeln.

Auf einen Blick: Wie Kinder lernen

- Kinder lernen anders als Erwachsene
- Positive Emotionen als wesentlicher Faktor des Lernerfolgs
- spielerisch und mit viel Spaß
- entdeckend und nach ihrem individuellen Interesse
- ohne Vorurteile
- durch Kommunikation und soziale Kontakte
- permanent, da sie nicht zwischen Freizeit und Arbeit differenzieren
- durch sinnliche Erfahrungen
- ganzheitlich, d. h. mit Kopf und Geist

Entwicklungsziele: Spielintelligenz effizient fördern

In den vergangenen Jahren wurde der Fußball von bestimmten Moden und Tendenzen geprägt. War das Fußballtraining in den 1950er und 1960er Jahren noch in erster Linie technikorientiert, rückte in den 1970ern die Kondition der Spieler weiter in den Mittelpunkt, bevor die taktische Schulung in den 80er und 90er Jahren immer mehr Beachtung fand. Technische, konditionelle und taktische Fähigkeiten sind heutzutage für jeden Spieler selbstverständlich, sodass ein jahrelang vernachlässigter, gleichzeitig aber essentieller Aspekt des Fußballs immer mehr in den Fokus rückt: die **Spielintelligenz**.

Definition: Spielintelligenz
Die Spielintelligenz beschreibt den **authentischen Motor der sportlichen Handlungen** eines Fußballers, der in seinen individuellen Entscheidungen im Hinblick auf sein Timing, auf seine Positionierung auf dem Feld, auf die Richtung seiner Aktion und auf die Geschwindigkeit seiner Ausführung zum Ausdruck kommt.

Grundsätzlich zielt die Spielintelligenz darauf ab, dass ein Spieler **die verschiedenen Spielsituationen** auf dem Feld **erkennt** bzw. wahrnimmt, diese **versteht, so oft wie möglich die richtige Entscheidung findet** und diese dann schlussendlich auch **ausführt**. Im Zuge dessen sollte ihn immer die Frage begleiten, welche Aktion in welcher Situation zu welchem Zeitpunkt notwendig ist. Je weniger Fehlentscheidungen ein Spieler dabei im Spiel trifft, umso höher wird seine individuelle Spielintelligenz eingestuft. Demnach reicht es nicht aus, im Spiel nur einen einzigen guten Pass zu spielen, einen Ball zu köpfen, ihn zu dribbeln, zu pressen und damit aufs Tor abzuschließen. Vielmehr muss ein Spieler in erster Linie gedanklich dazu in der Lage sein, eine optimale Lösung auf dem Platz zu finden und **das Spiel zu lesen**.

Die Spielintelligenz der einzelnen Spieler ist für die Qualität des Spiels maßgebend und womöglich das wichtigste Kriterium, um die Leistung der Fußballer zu beurteilen, da die Qualität zwischen den einzelnen Spielern zunehmend durch den Grad ihrer Spielintelligenz bestimmt wird. Um die Spielintelligenz der Kinder effizient fördern zu können, sollten Trainer ihren jungen Spielern mehr **Raum zur Ausbildung ihrer Wahrnehmung** sowie zur **Entfaltung ihrer intellektuellen Fähigkeiten** geben. Anstatt den Schwerpunkt lediglich auf das Erlernen und Entwickeln **von technischen sowie taktischen Fähigkeiten** zu legen, sollten neben den Nerven und den Muskeln vor allem auch die mentalen Fähigkeiten systematisch stimuliert werden, um das gesamte Potential der Spieler optimal auszuschöpfen.

Taktische Kenntnisse lassen sich dabei nicht nur durch unbewusstes und bewusstes Handeln im freien Spiel erlernen, sondern resultieren oftmals erst aus der Kombination mit einem zielgerichteten pädagogischen Prozess. Die Spielintelligenz wird demnach nicht nur durch **das freie Spiel** gefördert, sondern auch durch **explizites Training** geschult. Im Zuge dessen sollten Kinder, insofern es ihr taktisch-technisches Können erlaubt, die Möglichkeit bekommen, taktische Erfahrungen und Kenntnisse, die ihnen vermitteln, welche Verhaltensweisen in welchen Situationen im Spiel welche Konsequenzen hervorbringen, durch selbstständiges Denken und Handeln erlernen. Je mehr die Kinder diese Erfahrungen und Kenntnisse dabei **durch eigene Experimente, Gedanken und Beobachtungen** erwerben, umso stärker verfestigen sich diese.

Die Aufgabe des Trainers ist es anschließend, den Kindern ihre Kenntnisse, die sie entweder selbst gewonnen oder durch fremde Informationen erworben haben, bewusst und sichtbar zu machen, diese detailliert zu erläutern und sie dann verständlich zu systematisieren. Das **exakte Anleiten, Demonstrieren** und das **ausreichende Wiederholen** derselben Taktikhandlungen in denselben Situationen im Spiel sowie die abschließende **Übertragung** der taktischen Handlung auf andere Spielsituationen legen schlussendlich ein stabiles Fundament für eine gut ausgeprägte Spielintelligenz und ein erfolgreiches Fußballspiel.

Beim zielgerichteten pädagogischen Prozess bzw. während des expliziten Trainings werden den Spielern nur bestimmte Aspekte des Fußballspiels aufgezeigt, wie ein Konterangriff oder verschiedene Spielformen zum Lösen von Über- oder Unterzahlsituationen. Im Gegensatz dazu lehrt der Trainer den Kindern beim wiederholten Üben, welche Handlungsalternativen sie bei welchen gegnerischen Verhaltensweisen abrufen sollten. Durch **Fragestellungen**, die die Aufmerksamkeit der Kinder auf Beobachtungspunkte richten sollen, die für die Spielsituation relevant sind, hilft der Trainer seinen Spielern, die bestmöglichen Handlungen für jede Situation zu erkennen.

Dieses methodische Vorgehen wird sowohl auf die Übungen angewendet, bei denen die Spieler das Problem ohne vorgegebenes Verhalten erkennen sollen, als auch auf die Übungen, bei denen die Spieler das Problem mit präzise vorgegebenem offensiven und defensiven Verhalten sowie im freien Spiel ohne jegliche Beschränkungen ausfindig machen sollen. Aufgabe der Spieler ist es dabei, die **im Vorfeld gesammelten Erfahrungen** und die **Lösungsmöglichkeit anzuwenden**, die für das jeweilige Gegnerverhalten die **beste Handlungsalternative** darstellt. In den daran anknüpfenden Trainingseinheiten sollten die Erkenntnisse dann in unterschiedlichen spielerischen Formen, die sich zunehmend in Komplexität und Schwierigkeit steigern, angewendet und schließlich in verschiedenen Wettkampfformen (z. B. im Minifußball) erfolgreich ausgespielt werden.

Grundsätzlich lässt sich die Spielintelligenz der Kinder in erster Linie mit **technisch-taktischen Spielformen** (z. B. 3 gegen 2, 3 gegen 1, 2 gegen 1) besonders gut herausbilden, da den Kindern dabei bereits mehrere Lösungsmöglichkeiten angeboten werden. Darüber hinaus sind Spiele für fundamentale Fähigkeiten und Fertigkeiten (Entwicklungsstufe 1), Minifußballspiele (Entwicklungsstufe 2), vereinfachte Spiele in Teams aus zwei, drei und vier Spielern sowie Minifußball im 3 gegen 3 auf vier Tore (Entwicklungsstufe 3) wunderbare und sehr geeignete Übungsformen, um spieltaktische Gedankengänge und Verhaltensweisen der Spieler anzuregen und damit ihre Spielintelligenz sukzessiv zu fördern. Die einzelnen Entwicklungsstufen und deren Bedeutung werden im Kapitel „Die Entwicklungsstufen des Kindes in der Fußballspielintelligenz" näher erläutert.

Bilden die jungen Spieler ihren Erfahrungsschatz bereits in den ersten Jahren ihrer fußballerischen Laufbahn aus, wird dieser im Jugendalter so ausgeprägt sein, dass sie für die wichtigsten Spielsituationen unterschiedliche Lösungswege kennen und fähig sind, die jeweils passende technisch-taktische Handlung im richtigen Moment anzuwenden.

Auf einen Blick: Spielintelligenz

- Spielintelligenz als essenzielle Grundlage jeder Aktion im Fußball
- authentischer Motor der sportlichen Handlungen eines Fußballers
- Spielintelligenz kommt in den individuellen Entscheidungen eines Spielers im Hinblick auf Timing, Positionierung, Richtung der Aktion sowie der Geschwindigkeit der Ausführung zum Ausdruck
- Spieler müssen in der Lage sein, das Spiel zu lesen
- maßgebendes Kriterium für das Spiel und seinen Erfolg
- wichtigstes Kriterium zur Beurteilung der Leistung eines Spielers
- Spielintelligenz sollte bereits in jungen Jahren fester Bestandteil des Trainings sein
- Förderung der Spielintelligenz durch:
  - Raum zur Ausbildung kindlicher Wahrnehmung und Entfaltung ihrer intellektuellen Fähigkeiten
  - Erlernen und Entwickeln von technischen und taktischen Fähigkeiten -> Vertiefung und Anwendung in der Kombination aus freiem Spiel, zielgerichtetem pädagogischem Prozess (explizites Training) und wiederholtem Üben
  - Anwendung der Spielintelligenz in unterschiedlichen technisch-taktischen Spielformen, die sich zunehmend in Komplexität und Schwierigkeit steigern, sowie in verschiedenen Wettkampfformen
  - systematische Entwicklung intellektueller Fähigkeiten -> mentale Faktoren als tragende Säule

Die 4 Phasen beim Lösen eines Fussballproblems

Die **Spielintelligenz**, die die Grundlage jeder Aktion im Fußball darstellt, setzt sich aus **vier aufeinanderfolgenden Phasen** bzw. aus **vier mentalen Dimensionen** zusammen:

- die Wahrnehmung,
- das Verstehen,
- die Entscheidungsfindung,
- die Ausführung.

Beispiel zur Veranschaulichung:
Bevor ein Spieler seinem Mitspieler den Ball zupasst und eine Aktion somit ausführt (4. Ausführung), muss er die Spielsituation im Vorfeld mit seinen Sinnen wahrnehmen (1. Wahrnehmung) und sich dafür zum Beispiel auf dem Spielfeld umschauen und entweder visuell oder akustisch auffassen, wo sich seine Mitspieler befinden. Im Anschluss gliedert der Spieler diese Situation, durch Verstehen, in seine eigene Wissenswelt ein (2. Verstehen), indem er beispielsweise erkennt, dass er eine Flanke auf die andere Seite des Spielfeldes schlagen muss. Aufgrund dieser Faktoren entscheidet sich der Spieler anschließend, welche Aktion er nun wirklich ausführen bzw. welche Reaktion er zeigen möchte (3. Entscheidungsfindung), zum Beispiel den Ball auf die andere Seite des Feldes zu flanken und damit seine Entscheidung auszuführen (4. Ausführung).

1. Wahrnehmung -> 2. Verstehen -> 3. Entscheidung -> 4. Handlung

Zur Erinnerung:
Bei der **Spielintelligenz** geht es darum, das Spiel zu lesen und im richtigen Moment die richtige Aktion im richtigen Raum auszuführen.

Spieler, die eine stark ausgeprägte Spielintelligenz besitzen, wissen bereits, was sie als Nächstes tun, bevor ihnen der Ball zugespielt wird. Im Gegensatz dazu fangen Spieler mit einer niedrig ausgeprägten Spielintelligenz erst in dem Moment an, zu überlegen, was sie als Nächstes tun werden, wenn sie den Ball zugespielt bekommen haben. Bevor ein Fußballer die richtige Lösung eines Problems finden kann, durchläuft er ganz automatisiert und unbewusst die vier Phasen des Modells, sodass das **Zusammenspiel der vier mentalen Dimensionen** im Endeffekt einen **intelligenten Spieler** ausmacht.

Leider wird das 4-Phasen-Modell zur Lösung eines Fußballproblems von Trainern nur selten berücksichtigt. Stattdessen gestalten sie die Trainingseinheiten häufig nur durch Übungen, die ausschließlich die Technik der Spieler schulen, wodurch die ersten drei Phasen des Modells oftmals vollkommen außer Acht gelassen werden. Allerdings nehmen die ersten drei Phasen im Fußball eine zentrale Rolle ein, denn die Spieler, die alle vier Dimensionen beherrschen, haben gegenüber ihren Gegnern einen entscheidenden Zeitvorteil im Spiel. Aus diesem Grund sind Übungen und Spielformen mit Entscheidungsfreiheit, in denen die jungen Fußballer die Spielsituationen auf dem Feld zu erkennen lernen und dann reaktionsschnelle und eigenständige Entscheidungen treffen können, so unglaublich wichtig und sollten in besonderem Maße in die einzelnen Einheiten im Training integriert werden.

In der Regel durchlaufen die Kinder das 4-Phasen-Modell im Training oder im Spiel etwa alle **drei Sekunden, wobei jeder einzelne Teil des Gesamtzyklus denselben Stellenwert** einnimmt und somit auch von gleicher Wichtigkeit ist. Im Zuge dessen sollten die vier Phasen immer **schnell, effektiv und effizient** durchlaufen werden, um vom größtmöglichen Erfolg auf dem Spielfeld zu profitieren. Der Anspruch jeder Trainingseinheit sollte deshalb sein, in den Übungen und Spielformen **immer alle vier Phasen zu bedienen** und dadurch die Spielintelligenz der jungen Kicker entsprechend auszubilden. Zur Schulung der einzelnen Dimensionen und damit zur Ausbildung der Spielintelligenz folgen im weiteren Verlauf dieses Buches noch eine Vielzahl an sehr geeigneten Übungen und spielerischen Formen.

1. Phase: Wahrnehmung

Die erste Dimension des 4-Phasen-Modells ist die Wahrnehmung, bei der die Spieler ihre Umgebung mit all ihren Sinnen wahrnehmen, sich im Zuge dessen auf dem Spielfeld orientieren und jegliche, eine Spielsituation kennzeichnende Informationen sammeln.

Fragen der 1. Phase:

- Wo genau befinde ich mich auf dem Spielfeld?
- Wo ist der Ball?
- Wo stehen meine Mitspieler?
- Wo stehen meine Gegner?

Auf dem Feld wird das Fußballspiel durch optische Reize bestimmt, wobei der Ball selbst das wichtigste (lautlose) Objekt darstellt. In den Trainingseinheiten sollte deshalb neben der Wahrnehmung und Orientierung auch die optische Reizverarbeitung der Spieler geschult werden.

2. Phase: Verstehen

Die in der ersten Phase wahrgenommenen Situationen müssen nun während der zweiten Phase von den Spielern verstanden, anschließend in ihre eigene Wissenswelt eingegliedert sowie eingeschätzt werden.

Fragen der 2. Phase:

- Ist die Spielsituation, in der ich mich momentan befinde, gut oder schlecht und was bedeutet sie für mich und das Spiel?
- Wie ist meine Position auf dem Spielfeld?
- Sollte ich meine momentane Position halten oder wäre es sinnvoll, diese zu wechseln?

Zur Förderung und Schulung des Verständnisses können im Training sogenannte Provokationsregeln in die Aufwärmspiele sowie in die jeweiligen Spielformen integriert werden, um die Kinder zum Verstehen und Einschätzen der einzelnen Spielsituationen zu bringen. Als Provokationsregeln eignen sich dabei unter anderem die Begrenzung von Ballkontakten, eine im Vorfeld festgelegte Anzahl an Pässen vor dem Abschluss aufs Tor und eine bzw. mehrere Tabuzonen, die das Spiel in bestimmte Bereiche des Feldes lenken.

3. Phase: Entscheidungsfindung

Nachdem sich die Spieler in den ersten beiden Phasen orientiert und die Spielsituation eingeschätzt haben, rückt in der dritten Phase des Modells die Entscheidungsfindung in den Mittelpunkt, bei der die Spieler die jeweiligen Chancen sowie Risiken einer potenziellen Aktion abwägen.

Fragen der 3. Phase:

- Was mache ich am besten, um mein Problem angemessen zu lösen?
- Schließe ich aufs Tor ab oder lege ich den Ball quer in den Rückraum?
- Soll ich in die linke oder in die rechte Torecke schießen?
- Gehe ich in den Zweikampf oder passe ich den Ball zu einem Mitspieler?

Um die Entscheidungsfindung der Spieler zu schulen, können in den Spielformen im Training immer zwei oder mehr Optionen angeboten werden, die von den Spielern eine Entscheidung abverlangen. So könnten jedem Team beim Minifußball zwei Tore zugeordnet werden, sodass dieses sich entscheiden muss, welches der beiden es im Spiel priorisiert.

4. Phase: Ausführung

Den Abschluss des 4-Phasen-Modells bildet die optimale motorische Ausführung einer Spielsituation. Nachdem der Spieler die Situation zunächst wahrgenommen, diese im Anschluss verstanden und sich dann entschieden hat, welche Aktion er ausführen möchte, setzt er seine Entscheidung schlussendlich in eine Handlung um.

Obgleich die optimale Ausführung einer Aktion wahrscheinlich unproblematisch sein wird, sollte die Ausführung verschiedener Situationen (z. B. Pass, Zweikampf, Torabschluss) immer auch im Training geschult werden. Anstatt die Spieler dabei jedoch eine isolierte Technikübung ausführen zu lassen, sollte immer ein kompletter Spielaufbau trainiert werden, indem die Spieler die ersten drei Dimensionen des 4-Phasen-Modells zwingend durchlaufen müssen, um abschließend die eigentliche technische Aktion auszuführen.

Dimensionen der Förderung von Fussballkönnen

Fußball ist so viel mehr, als nur mit dem Fuß gegen den Ball zu treten und das Runde ins Eckige zu schießen. Was für Fans auf der Tribüne oftmals ganz leicht aussieht, verlangt in Wahrheit harte Arbeit, Ehrgeiz und viel Disziplin ab. Neben Grundlagen- und Ausdauertraining sind es vor allem die Athletik, die Technik, die mentalen Faktoren sowie die Taktik bzw. die Spielintelligenz, die die Spieler zu wahren Fußballprofis heranwachsen lassen. Nur die Spieler, die diese Dimensionen immer wieder aufs Neue üben und fördern, können die Übungen im Training bewusst verinnerlichen und diese in gewissen Situationen im Spiel auch anwenden.

Athletik

Die Athletik und die damit einhergehende körperliche Fitness von Sportlern ist einer der Grundpfeiler jeder Sportart und nimmt insbesondere im Fußball einen wichtigen Stellenwert ein, da sich Spiele nicht einzig und allein durch Technik und Taktik gewinnen lassen. Heutzutage ist das Athletiktraining in Profimannschaften fester Bestandteil der Trainingseinheiten, wohingegen die Bedeutung des Athletiktrainings im Breitensport oftmals immer noch stark unterschätzt wird.

Grundsätzlich minimiert regelmäßiges Athletiktraining das Verletzungsrisiko der Spieler und steigert zur selben Zeit ihre individuelle Leistungsfähigkeit. Darüber hinaus wird Einschränkungen und Dysbalancen in der Beweglichkeit entgegengewirkt und damit die Stabilität der kindlichen Bewegungen gefördert.

Fußball ist eine komplexe Sportart mit einem breitgefächerten Anforderungsprofil, weshalb das fußballspezifische Athletiktraining immer mehrere Bereiche zugleich abdecken sollte. Auf der einen Seite werden die Gelenke und die Muskulatur durch gezieltes Mobilisationstraining auf das eigentliche

Training vorbereitet. Auf der anderen Seite werden die funktionellen Bewegungsmuster der Kinder im anknüpfenden Kraftteil gezielt trainiert. Im Zuge dessen sollte insbesondere dem Stabilitätstraining für die Bein- und Rumpfmuskulatur (Core) besondere Aufmerksamkeit geschenkt werden, da der Rumpf das Kernstück jeder Bewegung ist. Ohne einen stabilen Rumpf haben die Spieler weniger körperliche Kraft und können sich in Zweikämpfen schlechter durchsetzen. Gezielte Kräftigungsübungen der Rumpfmuskulatur verhelfen den Spielern jedoch zu wesentlich mehr Stabilität bei dynamischen Rotationsbewegungen und Sprüngen im Spiel. Das Training der Bein- und Gesäßmuskulatur trägt zudem zu mehr Stabilität der Beinachsen bei und verbessert somit das Sprinten.

Dynamisches Aufwärmen lässt sich, je nach Altersklasse, ideal in das normale Aufwärmtraining integrieren, bei dem drei bis fünf Übungen gewählt werden, die unterschiedliche Muskeln im Körper beanspruchen. Anknüpfend an das Warm-up können dann Kraft- und Stabilitätsübungen folgen, von denen die Körperspannung der Spieler für die restliche Trainingseinheit profitieren kann. Als Alternative können Kraft- und Stabilitätsübungen aber immer auch am Ende einer Trainingseinheit, in Form eines separaten, halbstündigen Trainings, ausgeführt werden.

Beispiel für dynamisches Aufwärmen:

- Kniebeuge
- Ausfallschritte (mit Rotation)
- Strecksprünge

Athletiktraining wird in Jugendmannschaften sowie in Frauen- und Männermannschaften idealerweise dreimal in der Woche ins Training eingebunden. Dabei können athletische Elemente (mit eigenem Körpergewicht) bereits ab der E-Jugend in die Trainingseinheiten eingeflochten werden, insofern diese spielerisch erarbeitet und in Kombination mit einer ersten kognitiven Basis ins Training integriert werden. Die ersten Grundlagen der E-Jugend sollten dann ab der D-Jugend ausgebaut und vertieft werden.

Auf einen Blick: Athletik

- Mobilisation
- Minimierung des Verletzungsrisikos
- Steigerung der individuellen Leistungsfähigkeit
- Vorbeugung von Einschränkungen und Dysbalancen in der Beweglichkeit
- Förderung der Stabilität der kindlichen Bewegungen
- fußballspezifisches Athletiktraining sollte mehrere Bereiche abdecken, z. B. gezieltes Mobilisationstraining, Stabilitätstraining, Dehnen, Warm-up

Technik

Neben dem Athletiktraining gehört auch das Techniktraining zu den Grundpfeilern im Fußball, da es den Spielern ermöglicht, die Grundlagen im Umgang mit dem Ball kennenzulernen und das Fundament für komplexere technische Elemente zu legen. Denn erst dann, wenn Kinder grundlegende Fertig- und Fähigkeiten, wie die Ballannahme und -mitnahme, beherrschen, können sie sich an herausfordernde Finten und Tricks wagen, mit denen sie den entscheidenden Unterschied in wichtigen Spielen machen könnten.

Beim Erlernen technischer Fähigkeiten sowie Fertigkeiten geht es jedoch nicht nur um die saubere Ballannahme oder das Passen des Balls, sondern vielmehr darum, als Spieler auf unterschiedlichen Positionen verschiedene Spielsituationen technisch klug zu lösen, impulsive Momente zu setzen und Standardsituationen dabei sicher auszuführen. Die technische Ausbildung von Fußballern ist deshalb eine zentrale Stellschraube im gesamten Lernprozess.

Grundlage für ein effektives Techniktraining bilden dabei ausreichende konditionelle Kapazitäten der Spieler. Elegante Finten und schnelles und präzises Dribbling bringen nicht viel, wenn die Spieler ihre Gegner nicht abhängen können. Regelmäßiges, ausgewogenes und abwechslungsreiches Techniktraining in Kinder- und Jugendmannschaften verbessert nicht nur die technischen Kompetenzen der Spieler, sondern steigert auch ihre Kondition ganz automatisch. Darüber hinaus helfen regelmäßige Trainingseinheiten dabei, die eigenen Körperhaltungen sowie die eigene Kraft zu verbessern, damit sich die Spieler gegenüber ihren Gegnern einen Vorteil verschaffen und zur selben Zeit ihr Spielverständnis stärken können.

Beispiel für effektives Techniktraining:
zum Beispiel Spiele für grundlegende Fertig- und Fähigkeiten, die Übungen „Technikdruck“, „Der Technik-Pendel“ oder „Dribbelspiel im 2 gegen 2“ im Kapitel „Stufe 2: ab 8 Jahren – Minifußball kindgerecht fördern“

Techniktraining ist für den einzelnen Spieler auf dem Feld, ganz gleich der Position, essenziell und sollte nicht nur regelmäßiger und fester Bestandteil der Trainingseinheiten sein, sondern außerdem positionsspezifisch trainiert werden. In jungen Altersklassen sollte Techniktraining dabei langsam ins Training integriert werden, sodass die jungen Spieler die neu erlernten Bewegungsmuster und Fähigkeiten bewusst verinnerlichen, diese im Spiel wiedergeben und sich somit neuen Herausforderungen stellen können. Mit Eintritt in die E-Jugend können erste technische Grundlagen und Fertigkeiten im Training vermittelt und damit in erster Linie mit viel Spaß verknüpft werden. Ab der D-Jugend sollten die technischen Basics dann aufgegriffen und sukzessiv gefestigt und durch komplexe Systeme und Spielzüge ausgebaut werden.

Auf einen Blick: Technik

- technisch kluges Lösen von verschiedenen Spielsituationen auf unterschiedlichen Positionen
- Setzen von impulsiven Momenten
- sichere Ausführung von Standardsituationen
- Verbesserung der eigenen Körperhaltungen, Kraft und Kondition
- Stärkung des Spielverständnisses
- ausreichende konditionelle Kapazitäten und grundlegende Fertig- und Fähigkeiten als Voraussetzung
- positionsspezifisches Techniktraining

Mentale Faktoren

Beim Fußball spielen nicht nur die athletischen, technischen und taktischen Fähigkeiten eine zentrale Rolle, sondern auch mentale Faktoren. Das Mentaltraining ist wie ein Workout für die Psyche der jungen Spieler, das in der Sportpsychologie bereits seit vielen Jahren erforscht wird. Die Ergebnisse des Mentaltrainings zeigen dabei, dass geistiges Training mentale Stärke aufbaut, Blockaden, Stress und Frust abbaut, Mut spendet, innere Balance bewahrt, Orientierung und Klarheit auf und neben dem Platz schafft, fit macht und gleichzeitig die Einstellung zum Sport selbst verbessert. Regelmäßiges mentales Training hilft den Kindern, vor wichtigen Spielen zur Ruhe zu kommen, die Konzentration vor dem Spiel zu steigern sowie Ängste und Aufregung zu lindern und zu bekämpfen, bei einem Gegentor optimistisch zu bleiben, aus eigenen Fehlern zu lernen und mit Niederlagen umgehen zu können.

Darüber hinaus lernen die jungen Spieler durch das Mentaltraining, ihre eigenen Fähigkeiten zu reflektieren, Routinen zu entwickeln und ihre Schnelligkeit sowie Kreativität auf dem Platz zu einer harmonischen Symbiose verschmelzen zu lassen. Außerdem beschleunigt mentales Training die Akzeptanz von Verletzungen und den mit diesen einhergehenden Heilungsprozess. Zudem kann Mentaltraining die nötige Stütze für die geistige Entwicklung von Kindern sein, um ihre Leistungen nicht nur im Training, sondern auch auf dem Feld am Spieltag abzurufen. Neben den individuellen Einflüssen, die Mentaltraining auf Kinder hat, fördert mentales Training weiterhin auch die eigene Rolle innerhalb der Mannschaft sowie die Teamfähigkeit.

Grundsätzlich gibt es keine einzige Altersgruppe, die vom Mentaltraining nicht profitieren würde – im Gegenteil: Je früher Kinder ihre individuellen mentalen Kräfte entdecken, desto eher stärken sie ihr Wohlbefinden sowie ihr Selbstbewusstsein, schaffen positive Denkweisen und können schon früher von den Aspekten dieser profitieren. Ein umfassendes, individuell angepasstes Mentaltraining wirkt sich positiv auf die gesamte Entwicklung von Kindern aus. Voraussetzung hierbei ist natürlich wieder, dass das Training den

Kindern auch Spaß macht und sie dieses auch außerhalb des Platzes selbst ausführen können. Mentaltraining sollte zu Beginn spielerisch in die Trainingseinheiten integriert werden. Im Zuge dessen können die Kinder vom Trainer zum Beispiel in Form von Konzentrationsübungen oder Atemtechniken an das Mentalcoaching herangeführt werden. So lernen sie nicht nur ihre eigenen Emotionen besser kennen, sondern können diese auch zunehmend kontrollieren. Neben Konzentrations- und Atemübungen können auch Fantasiereisen wundervolle Methoden des Mentalcoachings sein, mit denen beispielsweise der Fortschritt und der Erfolg der Mannschaft visualisiert werden kann. Gleichzeitig werden die Vorstellungskraft sowie die grenzenlose Fantasie der Kinder fokussiert, gefördert und gelenkt.

Beispiel für eine Konzentrationsübung:
zum Beispiel Visualisierungsübungen oder die Übung „Naka-Naka" im Kapitel „Stufe 3: ab 10 Jahren"

Obgleich der körperliche Aspekt im Fußball ein zentraler Faktor für den Spaß und den Erfolg auf und neben dem Platz ist, können sportliche Erfolge nur in Kombination mit einer starken inneren Einstellung gelingen. Egal, wie alt die Spieler sein mögen oder in welcher Liga sie spielen – ihre Mentalität hat einen ganz wesentlichen Einfluss auf den Erfolg jedes einzelnen Spielers sowie auf den Erfolg der gesamten Mannschaft als Kollektiv.

Auf einen Blick: Mentale Faktoren

- Aufbau mentaler Stärke und Abbau von Blockaden, Stress und Frust
- spendet Mut und bewahrt die innere Balance
- schafft Orientierung und Klarheit auf und neben dem Platz, macht fit
- Verbesserung der Einstellung zum Sport selbst
- hilft dabei, zur Ruhe zu kommen
- Steigerung der Konzentration vor dem Spiel
- Linderung und Bekämpfung von Ängsten und Aufregung vor dem Spiel
- Bewahrung des Optimismus bei einem Gegentor
- hilft dabei, aus eigenen Fehlern zu lernen und mit Niederlagen umgehen zu können
- Reflexion eigener Fähigkeiten und Entwicklung von Routinen
- harmonische Verschmelzung von Schnelligkeit und Kreativität auf dem Platz
- Beschleunigung der Akzeptanz von Verletzungen sowie dem damit einhergehenden Heilungsprozess
- nötige Stütze für geistige Entwicklung
- Förderung der eigenen Rolle innerhalb der Mannschaft und Teamfähigkeit

Taktik/Spielintelligenz

Der vierte Grundpfeiler im Fußball ist die Taktik bzw. die Spielintelligenz. Beim regelmäßigen Taktiktraining werden den Spielern alle potenziellen Spielabläufe beigebracht, um diese anschließend im Spiel selbst anzuwenden und vom Gegner nicht so leicht durchschaut zu werden. Grundsätzlich sollten sich Trainer überlegen, welche Taktik sie mit ihrer Mannschaft anwenden möchten, bevor diese auf den Platz einläuft. Seine taktischen Ideen und Gedanken sollten dementsprechend in die Übungen und Spielformen in den Trainingsstunden einfließen.

Trainer und Mannschaft benötigen also einen Plan, an dem sie sich orientieren und mit dem sie arbeiten können, um die gegnerische Mannschaft auf dem Platz zu besiegen. Allerdings ist es ratsam, immer auch eine alternative Taktik zu trainieren, falls der Gegner den eigenen Matchplan durchschaut.

Grundsätzlich sollte das taktische Training sowie die Schulung der Spielintelligenz immer individuell auf die Mannschaft sowie die einzelnen Spieler abgestimmt sein. So kann in höheren Altersklassen, in denen elf Spieler oftmals mit zwei Viererketten im Mittelfeld und der Defensive spielen, das Verschieben der beiden Ketten gezielt trainiert werden, währenddessen einzelne Spieler, die eine ausgeprägte Kondition besitzen, eine ganz individuelle, lauflastige Taktik fahren können.

Beispiel für eine taktische Übung:
zum Beispiel die Übung „Positionsspiel im 8 gegen 8" im Kapitel „Stufe 4: ab 13 Jahren"

Damit die Taktik, die sich der Trainer überlegt hat, im Spiel aber überhaupt aufgehen und funktionieren kann, muss jeder Spieler innerhalb der Mannschaft bestimmte Laufwege und Verhaltensweisen trainieren, um zu wissen, welche Aufgaben er auf dem Feld erfüllen muss. Voraussetzung dafür ist natürlich, dass die Bewegungsabläufe regelmäßig im Training einstudiert, geübt und verinnerlicht werden. Individuelles Taktiktraining auf den verschiedenen Positionen auf dem Feld steigert darüber hinaus natürlich die Erfolgschance des gesamten Teams, weshalb das Taktiktraining nicht nur auf die Mannschaft als Kollektiv oder die einzelnen Spieler abgestimmt werden sollte, sondern eben auch auf die jeweiligen Positionen.

Ergänzend zum individuellen taktischen Spieler- und Positionstraining sollten die einzelnen Taktiken immer auch gemeinsam als Einheit trainiert und aufeinander abgestimmt werden. Im Spiel kommt es schließlich immer wieder zu Situationen, an denen mehr als nur ein Spieler beteiligt ist. Kennen die Spieler zudem untereinander die Taktik der anderen Mitspieler sowie deren Laufwege, können dadurch nicht nur Fehlpässe, sondern auch Missverständnisse vermieden werden.

In der Regel machen die ersten taktischen Grundlagen bei den Bambinis noch keinen Sinn und sollten erst in der E-Jugend gelegt und ab der D-Jugend aufgegriffen, vertieft und mit weiteren kognitiven und athletischen Fähigkeiten kombiniert werden. In höheren Altersklassen können sich Trainer dann auf dieses wertvolle Fundament stützen und durch Spielzüge, Spielabläufe und taktische Feinheiten, die regelmäßig besprochen und angewendet werden, daran anknüpfen. In diesem Alter macht es dann außerdem Sinn, regelmäßige Taktikschulungen sowie individuelle und positionsbezogene Strategien zu trainieren.

Um das Taktiktraining effektiv, abwechslungsreich und herausfordernd zu gestalten, kann der Trainer auf eine Vielzahl unterschiedlicher Hilfsmittel zurückgreifen und zum Beispiel Ringe, Hürden, Hütchen, Stangen oder Leibchen zum Einsatz bringen. Durch das Verändern der Spielfeldgröße können zudem unterschiedliche Spielsituationen simuliert werden und Taburäume sowie Provokationsregeln unterstützen zusätzlich die Entscheidungsfindung der Spieler. In höheren Altersklassen sollten außerdem Standardsituationen, wie beispielsweise Freistöße, Ecken, Elfmeter und Einwürfe, trainiert werden.

Auf einen Blick: Taktik/Spielintelligenz

- Taktik als Plan, an dem sich Spieler und Trainer orientieren und mit dem sie arbeiten können -> Erschwerung der Durchschaubarkeit
- Einstudieren alternativer Technik sinnvoll
- Taktiktraining individuell auf die Mannschaften, die einzelnen Spieler und die jeweiligen Situationen abstimmen
- Steigerung der Erfolgschancen des gesamten Teams
- Vermeidung von Fehlpässen und Missverständnissen

Zu den vier Dimensionen zur Förderung von Fußballkönnen finden sich im weiteren Verlauf dieses Buches zahlreiche Übungen und Anleitungen, die umgehend in die Trainingseinheiten eingebunden werden können.

Die Entwicklungsstufen des Kindes in der Fussballspielintelligenz

Horst Wein (1941–2016) war ein international anerkannter Fachmann für die Ausbildung von Fußballtrainern und forderte Kinder, anhand seines **fünfstufigen Entwicklungsmodells**, zu selbstständigem Denken und Handeln beim Fußballspielen auf. Wein setzte sich jahrelang intensiv mit der Spielintelligenz von jungen Fußballern auseinander und beschäftigte sich primär mit der Frage, wie die Spielintelligenz von Fußballern optimal entwickelt werden kann. Im Zuge dessen zeigte er einer Vielzahl an Trainern in unterschiedlichen Spiel- und Übungsformen, wie sie das kindliche Potential ihrer jungen Spieler am besten stimulieren können. Dabei griff er bewusst auf das Wechselspiel aus deduktiven und induktiven Trainervorgaben zurück, machte also sowohl vom freien Spiel als auch vom unangeleiteten Spiel Gebrauch, damit die Kinder neue Erfahrungen sammeln und Lösungen entdecken können. Darüber hinaus nutzte Horst Wein unterschiedliche Übungsformen, deren Abläufe präzise vorgegeben waren.

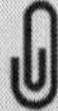

Steckbrief: Horst Wein

- 1941 in Hannover geboren
- 2016 in Barcelona verstorben
- ehemaliger deutscher Hockeynationalspieler und Trainer der deutschen und spanischen Hockeynationalmannschaft
- war Mentor, Sportdirektor, Diplomsportlehrer, Dozent, Ausbilder von Fußballtrainern und einer der bekanntesten Fußballpädagogen weltweit
- Entwickler eines Trainingsmodells mit fünf Entwicklungsstufen zur Förderung der kindlichen Kreativität und Spielintelligenz

Durch seine neuen und innovativen Ideen in der Trainingslehre machte sich der ehemalige Hockeynationalspieler auf der ganzen Welt einen Namen. Sein **Entwicklungsmodell** setzt sich aus **fünf unterschiedlichen Stufen** zusammen, wobei sich jede einzelne Stufe dem natürlichen Wachstum von Kindern anpasst. Zudem werden vier der fünf Entwicklungsstufen dem erwachsenen Fußball, also dem 11 gegen 11, vorgeschaltet und dienen dazu, die jungen Spieler auf den Fußball in der fünften Erwachsenenstufe vorzubereiten.

Jedes einzelne Entwicklungselement setzt sich aus der Summe von verschiedenen, optimal aufeinander abgestimmten Lerninhalten zusammen, die nicht nur die Spielfähigkeit von Kindern, sondern auch ihre Spielintelligenz sukzessiv entwickelt. Die einzelnen Entwicklungselemente knüpfen dabei an die vorangegangenen technischen und taktischen Fertigkeiten der bereits erlernten Aspekte aus den Vorgängerstufen an.

Die Komposition der unterschiedlichen Lerninhalte und Spielaufgaben, die vom Trainer an den physischen und psychischen Leistungsstand der Kinder angepasst sind, ermöglicht es den heranwachsenden Profifußballern zudem, durch ihre eigenen Fehler, die sie zumeist selbst bemerken, zu lernen. Dadurch wird nicht nur das kindliche Lernen beschleunigt, sondern auch die noch unerfahrene Persönlichkeit gestärkt.

Der Übergang von einer in die nächste Stufe gelingt dabei sowohl im Laufe der Zeit als auch durch die wachsende Zunahme der Komplexität sowie des Niveaus einzelner Situationen im Spiel. Im Zuge dessen sind ebenso das Verständnis, die schnelle Ausführung getroffener Entscheidungen sowie der Anspruch an die immer schneller und präziser ablaufende Wahrnehmung von zentraler Bedeutung. In jeder Entwicklungsstufe treffen mehr Spieler auf engerem Spielraum aufeinander, wodurch die Kinder dazu forciert werden, Spielsituationen schneller wahrzunehmen und zu erkennen, um dann nicht nur in der Theorie die richtige Entscheidung treffen zu können, sondern diese auch in der Praxis richtig ausführen zu können.

Das Entwicklungsmodell in 5 Stufen:

1. Entwicklungsstufe	• ab 7 Jahren • E-Junioren • Spiele für fundamentale Fähigkeiten und Fertigkeiten
2. Entwicklungsstufe	• ab 8 Jahren • E-Junioren • Spielfähigkeit für Minifußball
3. Entwicklungsstufe	• ab 10 Jahren • D-Junioren • Spielfähigkeit im Fußball: 5 gegen 5 und 7 gegen 7
4. Entwicklungsstufe	• ab 13 Jahren • C-Junioren • Spielfähigkeit im Fußball: 8 gegen 8
5. Entwicklungsstufe	• ab 14 Jahren • B-Junioren • Spielfähigkeit im Fußball: 11 gegen 11

1. Entwicklungsstufe

Die erste Entwicklungsstufe des Modells beginnt im Alter von sieben Jahren in der Spielklasse der E-Junioren und zielt auf Spiele zur Schulung und Entwicklung fundamentaler Fähigkeiten und Fertigkeiten ab. Hierfür bieten sich die unterschiedlichsten Spiele an, zu denen die Ballschule, Dribbelspiele und Ballführung mit und ohne Gegenspieler, Spiele im Labyrinth, Mehrzweckspiele, Fußballtriathlon im 2 gegen 2, individuelle Abwehrspiele sowie Spiele zum Passen, zur Ballannahme und -mitnahme sowie Spiele zum Torschuss gehören.

2. Entwicklungsstufe

In die zweite Entwicklungsstufe treten die Spieler in einem Alter von acht Jahren bzw. ebenfalls in der Spielklasse der E-Junioren ein. Für diese Entwicklungsstufe bieten sich jegliche Spiele für den Minifußball an. Die zweite Entwicklungsstufe schließt sowohl die Spiele für fundamentale Fähig- und Fertigkeiten der ersten Entwicklungsstufe als auch vorbereitende und gleichzeitig korrigierende Spiele für den Minifußball, Triathlon im 3 gegen 3, vereinfachte Spielformen im 2 gegen 2 mit anknüpfenden Korrekturspielen sowie den allgemeinen Test der Spielfähigkeit im Minifußball ein.

3. Entwicklungsstufe

Mit zehn Jahren bzw. in der Spielklasse der D-Junioren treten die Spieler in die dritte Entwicklungsstufe ein, die sich aus vereinfachten Spielen im 3 gegen 3 mit anschließenden Korrekturspielen, Spielformen im 5 gegen 5 und im 7 gegen 7, Spielen für den Minifußball, Triathlon im 4 gegen 4, Futsal (Hallenfußball) im 5 gegen 5 sowie der Schulung des Torwarts, zum Beispiel durch den Torwart-Dekathlon, zusammensetzt. Beim Torwart-Dekathlon werden dabei zusätzlich wichtige Grundlagen sowie Fertigkeiten des jungen Torhüters in zehn verschiedenen Disziplinen geschult. Trotz des spielerischen Voranschreitens der Kinder sollten in der dritten Entwicklungsstufe weiterhin Spiele für fundamentale Fähig- und Fertigkeiten sowie unterschiedliche Spiele für den Minifußball integriert werden.

4. Entwicklungsstufe

Ab einem Alter von dreizehn Jahren bzw. mit Eintritt in die C-Jugend beginnt die vierte Stufe des Entwicklungsmodells. Während dieser Stufe sollten die heranwachsenden Spieler ihre Spielfähigkeiten in 8-gegen-8-Spielformen, die zwischen den Strafräumen des Fußballfeldes ausgetragen werden, testen. Zur Ausbildung und Entwicklung ihrer spielerischen Fähigkeiten bieten sich dabei vereinfachte Spielformen im 4 gegen 4 und 5 gegen 5 mit anknüpfenden Korrekturspielen, Fußballtriathlon im 6 gegen 6, Fußballspiele im 7 gegen 7 sowie die Prüfung der fußballerischen Spielfähigkeit im 8 gegen 8 an. Außerdem kann die Spielintelligenz der Kinder durch verschiedene Programme für das Spielverständnis in angreifenden Aktionen, zum Beispiel Direktspiel, Ballannahme, Ballhalten, Stellpässe, Schnellangriff, Positionstraining oder Torschuss mit Nachsetzen, sowie durch die Schulung des Verständnisses von Defensivaktionen gefördert werden.

5. Entwicklungsstufe

In die fünfte und letzte Entwicklungsstufe treten die Spieler ab einem Alter von vierzehn Jahren bzw. ab der B-Jugend ein. In dieser Entwicklungsstufe wird in erster Linie ihre Spielfähigkeit für das offizielle Spiel im 11 gegen 11 geschult. Hierfür bieten sich nicht nur Gruppen-, sondern auch Mannschaftstrainingseinheiten mit dem Schwerpunkt auf dem defensiven sowie dem offensiven Verhalten an. Darüber hinaus sollte der Trainer seine Spieler durch individuelles Positionstraining schulen und sowohl offensive als auch defensive Standardsituationen im Fußball einstudieren. Des Weiteren empfehlen sich insbesondere Spielformen im 8-gegen-8-System, die die Fähigkeiten der Spieler im 11 gegen 11 optimieren.

Entwicklungspsychologie

Physische Kompetenzen & emotional-soziale Bedürfnisse

Kinder durchlaufen im Laufe ihres Lebens viele unterschiedliche Entwicklungsstufen, die von verschiedenen Faktoren geprägt sind und die alle unterschiedliche Aufgaben und Herausforderungen mit sich bringen. Um als Trainer, Elternteil oder als Kind selbst ein Gefühl dafür zu bekommen, wie sich die jeweiligen Altersklassen voneinander unterscheiden und auszeichnen und wie sich insbesondere ihre Merkmale auf die im Fußball relevanten Altersklassen auswirken, werden die Entwicklungsstufen im Folgenden überblicksartig umrissen.

Ab 4–5 Jahren

Ab dem fünften Lebensjahr beginnt das klassische Fragealter, in dem das Fragespiel „Warum und Wieso?" viele Eltern bis in den Schlaf verfolgt. In einem Alter von vier Jahren versuchen Kinder, die Ursachen und Hintergründe von Sachverhalten und Funktionen herauszufinden und zu verstehen. Um ihren Wissensdurst zu stillen, sollten Eltern ihren wissbegierigen Kindern altersgerechte Antworten auf ihre Fragen geben und ihre Neugierde unterstützen. Das permanente Nachfragen sowie Hinterfragen werden dabei in erster Linie durch die sukzessive Erweiterung des kindlichen Wortschatzes möglich, der zunehmend durch die Aussprache von einzelnen Lauten, Lautverbindungen, die Anwendung von Nebensätzen sowie durch die korrekte Satzbildung ergänzt wird. Leider schleichen sich in den wachsenden Wortschatz ab und zu Schimpfwörter und Lügen ein, die bei den meisten Eltern, Lehrenden oder Trainern auf Entsetzen und Verwunderung stoßen und im Umgang mit anderen Kindern zu Streitigkeiten führen können.

Darüber hinaus festigen und erweitern sich ab einem Alter von vier bis fünf Jahren nicht nur die sprachlichen Fähigkeiten der Kinder, sondern auch ihre feinmotorischen Fähigkeiten, ihr Gleichgewichtssinn, ihre geistige Reaktionsfähigkeit, ihre räumliche Orientierung sowie ihr Rhythmusgefühl verbessern sich. Außerdem werden Kinder in diesem Lebensabschnitt von einem stark ausgeprägten Bewegungsdrang und einer nahezu grenzenlosen kindlichen Fantasie angetrieben, die ihnen nicht nur in der Schule und im Umgang mit anderen Menschen helfen, sondern sich auch auf ihre persönliche Motivation sowie auf ihre Fähigkeiten auf dem Fußballplatz positiv auswirken.

Bevor Kinder das sechste Lebensjahr erreichen, erlangen sie ein Bewusstsein dafür, dass sie ein eigenes Individuum sind. Dieses Gespür nimmt dann ab dem fünften Geburtstag sukzessiv zu und ihr kindliches Bewusstsein wandelt sich in ein Verlangen, mehr Verantwortung übernehmen zu wollen. Am liebsten würden Kinder in diesem Alter bei allen Dingen mitreden und eigene

Entscheidungen treffen wollen. Gibt man ihnen an geeigneter Stelle die Möglichkeit dazu, kann sich die Übernahme von Verantwortung in einem gestärkten Selbstwertgefühl niederschlagen. Doch trotz des innerlichen Verlangens nach Verantwortung können das Austesten von Grenzen, Provokationen und Tabuverletzungen immer häufiger auftreten.

Ab 6 Jahren

In einem Alter von sechs Jahren prägen sich die sprachlichen und motorischen Fähigkeiten von Kindern so weit heraus, dass diese in der Lage sind, zunehmend kompliziertere Zusammenhänge und Hintergründe zu verstehen und deshalb auch beim Training immer anspruchsvollere Aufgabenstellungen auszuführen. Obgleich ihre bisherigen ersten Schreibversuche und Zeichnungen im Kindergarten oder in der Vorschule eher simpel gestaltet waren, mischen sich nun immer mehr Details in ihre künstlerischen Werke ein. Den meisten Kindern bereitet nun auch das Fahrradfahren keinerlei Probleme mehr und viele versuchen sich bereits daran, die Schnürsenkel ihrer Fußballschuhe selbst zu binden. Die kleinen alltäglichen Erfolgserlebnisse, die aus ihren eigenverantwortlichen Aktionen resultieren, motivieren sie darüber hinaus dazu, immer wieder neue Dinge mutig auszuprobieren.

Dabei lassen sie sich auch nicht von Kritik oder fremden Meinungen ausbremsen, die sie nun auch immer öfter annehmen und akzeptieren können und die letzten Endes dazu beitragen, dass sie ihre Leistungen im Team sowie ihre individuellen Leistungen auf dem Platz verbessern können. Daran anknüpfend sammeln Mädchen und Jungen in einem Alter von sechs Jahren nun die ersten Erfahrungen mit Enttäuschungen und ihr Umgang mit diesen markiert dabei für jedes Kind einen schwierigen, aber dennoch unerlässlichen Lernprozess.

In ihrem kindlichen Lernprozess werden sie dabei häufig von Vorbildern unterstützt, die sich die Kinder nun oftmals auch außerhalb der Familie suchen, wie beispielsweise der Trainer, dem sie vertrauen und zu dem sie aufschauen können. Außerdem beginnen sie nun damit, ihr individuelles Verständnis von Gerechtigkeit und Ungerechtigkeit zu definieren und dementsprechend häufig die Authentizität von Eltern und Trainer zu prüfen. Im Zuge dessen kann es hin und wieder vorkommen, dass Kinder die Entscheidungen von Eltern und Trainer hinterfragen, diese kritisieren und eine ehrliche Erklärung einfordern, die sie auf jeden Fall erhalten sollten.

Für das siebte Lebensjahr ist zudem das ausschließliche Beisammensein mit demselben Geschlecht charakteristisch und ein Zeichen der kindlichen Identitätssicherung, bevor Kinder ab einem Alter von sieben Jahren dann geschlechtsspezifische Verhaltensweisen zeigen.

Definition: Identitätssicherung
Mit dem Terminus „Identitätssicherung“ ist das Finden des eigenen Selbst bzw. der eigenen Identität gemeint, wobei der Begriff Identität die Summe aller Eigenschaften und Merkmale einer Person umfasst.

Kinder distanzieren sich in diesem Alter von einem auf den anderen Tag ganz plötzlich vom jeweils anderen Geschlecht. In der Regel finden die Mädchen nun die Jungen blöd und die Jungs sind wiederum genervt davon, dass man mit den Mädchen nicht spielen kann.

Ab 6–7 Jahren

Ab einem Alter von sechs oder sieben Jahren beginnt für die meisten Kinder ein ganz neuer Lebensabschnitt, da sie nun in die Schule gehen und dadurch auch deutlich selbstständiger sind, wobei sich ihre Selbstständigkeit fortan wie ein roter Faden durchs Leben zieht. Zum kindlichen Verlangen, Verantwortung zu übernehmen, kommt nun der Wunsch hinzu, eigene Leistungen zu erbringen. Neben der Erfüllung eigener Erwartungen sind Kinder also immer noch darauf angewiesen, dass ihre Eltern, Lehrenden und ihre Trainer ihnen gewisse Dinge zutrauen – schließlich können sie schon so viel alleine: ohne Hilfe das Trikot anziehen, alleine die Schnürsenkel der Fußballschuhe binden oder selbstständig zum Fußballtraining laufen.

Außerdem nehmen sie nicht mehr alles wortwörtlich, sondern können erste Witze verstehen, diese nacherzählen und sogar selbst gezielt anwenden. Auf der einen Seite wird ihr Gespür für Ironie und Sarkasmus dadurch zwar besser, jedoch lässt sie dieses Gespür auf der anderen Seite auch manchmal in so einige Fettnäpfchen treten.

Des Weiteren können die Kinder nun zunehmend zwischen Fantasie und Realität unterscheiden und beginnen oftmals, kindliche Geschichten und Erzählungen rund um den Weihnachtsmann und Co. anzuzweifeln und zu hinterfragen. Im Zuge dessen verlieren auch Fantasiegestalten wie die Zahnfee in den kindlichen Augen ihre Magie und die Kinder lernen immer besser, klare Linien zwischen realen und erfundenen Geschichten, Figuren und Dingen zu ziehen.

Darüber hinaus wächst der kindliche Wortschatz mit Eintritt in die Schule permanent an, wodurch die Kinder in der Lage sind, einerseits sogenannte Wenn-Dann-Fragen zu beantworten („Wenn ich am Sonntag im Sturm spiele, dann schieße ich viele Tore.“) und andererseits häufig ihre verbalen Grenzen auszutesten und im Anschluss zu beobachten, welche Konsequenzen ihre Grenzüberschreitungen mit sich bringen. Zusätzlich können Mädchen und Jungen in einem Alter von sieben Jahren nun zeitliche Begriffe präzise einordnen, sodass „Gestern" und „Morgen" keinerlei abstrakte Zeitpunkte mehr sind, sondern langsam Farbe annehmen. Obgleich siebenjährige Mädchen und Kinder vor allem in ihrer Feinmotorik noch visuelle Kontrolle benötigen, werden sie in der Ausführung grobmotorischer Fähigkeiten (wie beispielsweise Gehen, Laufen oder Klettern) immer sicherer. Weiterhin sind auch räumliche Entfernungen für sie immer besser einschätzbar, sodass längere Pässe auf dem Fußballfeld keinerlei Probleme mehr bereiten.

Ab 7 Jahren

Mit Beginn des achten Lebensjahres treten Kinder in eine neue Entwicklungsphase ein. Ihre Gedanken sind nun zunehmend rationaler und sie sind in der Lage, wesentlich differenzierter zwischen sich selbst und anderen zu entscheiden. Sie verstehen, dass nicht immer alle Menschen dieselbe Meinung teilen. Außerdem entwickeln sich Präzision, Gleichgewichtssinn, Flexibilität, Beweglichkeit sowie die Hand-Auge-Koordination ab einem Alter von sieben Jahren immer weiter und die Kinder versuchen sich zunehmend in unterschiedlichen Fähigkeiten, die sie neu erlernt haben.

Ab 8–10 Jahren

Zwischen acht und zehn Jahren wächst das Körperbewusstsein von Kindern enorm an und sie stellen dieses bei einer Vielzahl an unterschiedlichen Aktivitäten unter Beweis. Neben dem Spaß steht hierbei in erster Linie der Wettkampfgedanke mit den Mitspielern sowie das Erkennen von eigenen Stärken im Vordergrund. Zur selben Zeit sammeln die Kinder dabei aber auch erste Erfahrungen innerhalb der Mannschaft und der abstrakte Begriff der Teamfähigkeit nimmt allmählich Farbe an.

In der Schule lernen sie erste mathematische Konzepte kennen, üben sich immer wieder im Lesen von kleineren Texten und bauen ihre Fähigkeiten dabei durch regelmäßige Wiederholungen immer weiter aus. Da sie, aufgrund ihres experimentellen Ansatzes, dazu in der Lage sind, unterschiedliche Situationen aus mehreren Perspektiven zu betrachten, gehen sie Problemlösungen oftmals praktisch an.

Definition: experimenteller Ansatz

Mit dem Begriff „experimenteller Ansatz" ist im Zusammenhang mit Kindern gemeint, dass Kinder Fragen und Sachverhalte durch eigene Versuche näher betrachten und hinterfragen, weil sie etwas herausfinden möchten.

Darüber hinaus gelingt ihnen die Koordination ihrer zeitlichen und räumlichen Körperbewegungen immer besser, von denen auch ihre spielerischen Qualitäten auf dem Fußballplatz profitieren.

Des Weiteren wird ihnen immer mehr bewusst, dass nicht jeder Mensch dieselbe Meinung vertritt und dass man häufig auf Menschen trifft, deren Meinung sie nicht zustimmen. Allerdings sind die Kinder inzwischen in der Lage, ihr Gegenüber zu verstehen, empathisch zu handeln und zu reagieren und andere Denkweisen und Gefühle zu verstehen, sodass sie potenzielle Konflikte innerhalb der Mannschaft ruhig und angemessen lösen können. Im Kontakt mit anderen Erwachsenen und Kindern möchten sie sämtliche Regeln verstehen und befolgen und ihr stark ausgeprägter Sinn für Gerechtigkeit hilft ihnen, ihre Freunde zu beschützen und zu verteidigen. Aufgrund der Weiterentwicklung ihres Ich-Bewusstseins sind sie nicht nur in der Lage, sich selbst zu bewerten, sondern auch andere. Hierbei gelingt es ihnen, sowohl zwischen ihrer individuellen Wirkung als auch ihrer Wirkung auf andere Menschen zu differenzieren.

In dieser Lebensphase, in der sich alles um Entwicklung und Veränderung dreht, ist es unglaublich wichtig, Ideale zu haben, mit denen sich die Kinder im Alter von acht, neun und zehn Jahren identifizieren können und zu denen sie aufblicken.

Ab 10–13 Jahren und Eintritt in die Pubertät

In der Regel markiert die Lebensphase, in der sich Kinder in einem Alter zwischen zehn bis dreizehn Jahren befinden, den Übergang von der Kindheit in die Pubertät. Allerdings entwickelt sich jedes Kind in seinem ganz eigenen, individuellen Tempo, weshalb sich der Eintritt in die Pubertät nicht genau abgrenzen und datieren lässt. Bei Mädchen beginnt die Pubertät grundsätzlich jedoch früher als bei Jungs.

Ganz unabhängig vom genauen Beginn der Pubertät und ihren einzelnen Etappen bemühen sich Mädchen und Jungs gleichermaßen, erste eigene, selbständige Schritte in ihrem täglichen Gefühlschaos zu gehen. Plötzlich soll das Kinderzimmer umgestaltet, die Spielzeuge weggeschmissen und die Kuscheltiere aus dem Bett verbannt werden. Zuhause werden immer öfter die Türen geknallt oder diese bleiben gleich ganz verschlossen. Kinder in diesem Alter grenzen sich nun zunehmend von ihren Eltern ab und möchten ihren Weg alleine gehen. Obgleich diese Lebensphase inklusive des Abnabelungsprozesses der eigenen Kinder den meisten Eltern im Herzen wehtut, ist diese für das Heranwachsen und die Entwicklung zu einer eigenen Persönlichkeit unabdingbar.

Während sich das äußere Erscheinungsbild von Kindern zunehmend verändert, herrscht auch im Inneren oftmals Chaos. Die Gefühle fahren Achterbahn und die Hormone spielen verrückt.

In ihren Köpfen herrscht ein vollkommenes Durcheinander und die Kinder finden sich immer öfter im Spannungsfeld zwischen elterlicher Nestwärme und dem Wunsch nach Autonomie wieder. Sie beginnen, sich mit anderen Kindern zu vergleichen, entwickeln Schamgefühle und möchten sich weder vor ihren Eltern noch vor den Mitspielern in der Kabine nach dem Training umziehen.

Mit Voranschreiten der Pubertät grenzen sie sich dann immer öfter von ihren Eltern ab und treten zur selben Zeit in einen Selbstfindungsprozess ein, mit dem sie ihren ganz eigenen Platz im Leben finden möchten. Sukzessiv gewinnt die Pubertät in der Entwicklung der heranwachsenden Jungen und Mädchen die Oberhand. Die Pubertät ist von Wachstumsschüben, Hormonschwankungen, Pickeln, Zahnspangen, zickigen Antworten, Reizbarkeit, Aufmüpfigkeit, Wutanfällen und der ersten großen Liebe geprägt. Allmählich reifen die Kinder zu eigenständigen Persönlichkeiten heran. Die Mädchen entwickeln weiblichere Formen, bei den Jungs wächst der erste Bartflaum, sie kommen in den Stimmbruch und die Geschlechtsreife kommt bei beiden Geschlechtern zum Ausdruck. Im Zuge dessen ist in erster Linie die Phase der körperlichen Veränderung für viele Teenager mit zahlreichen Fragezeichen verbunden. Um ihren Kindern Rückhalt und Sicherheit zu geben, sollten Eltern in jedem Fall das Gespräch mit ihrem Kind suchen und notwendige Aufklärungsarbeit leisten.

Grundsätzlich sind die einzelnen Entwicklungsphasen eines Kindes individuell und vielfältig, wobei das Heranwachsen ein kontinuierlicher Prozess ist, den jedes Kind in seinem ganz eigenen Tempo durchlebt. Eltern, Lehrende und vor allem auch Fußballtrainer stoßen deshalb innerhalb einer Mannschaft häufig auf eine große Bandbreite an Entwicklungsstufen und müssen auf diese angemessen reagieren können. Nicht zuletzt deshalb ist es heutzutage wohl eine so große Herausforderung, auf die Gefühle und Bedürfnisse von Kindern einzugehen, ihre individuellen Talente und Fähigkeiten zu fördern und zur selben Zeit trotzdem alle Kinder gleich zu behandeln.

Stufe 1: ab 7 Jahren – grundlegende Fähigkeiten fördern

Grundlegendes

Material

Tore

In der fußballerischen Ausbildung von jungen Spielern haben Tore eine wichtige Funktion, da das Fußballspiel ohne sie ihren Reiz verlieren würde. Um jedoch zu verhindern, dass sich die Kinder in den Anfängen ihrer Fußballkarriere immer unmittelbar in Ballnähe aufhalten, was unter anderem durch die Wichtigkeit der Tore bedingt ist, sollten Trainer von ihnen in der ersten und zweiten Entwicklungsstufe das **Überdribbeln der gegnerischen Torlinie** fordern, anstatt ihre Spieler immer aufs Tor abschließen zu lassen. Damit trägt der Trainer zur Verbesserung der Wahrnehmungsfähigkeit seiner Spieler bei. Je breiter die zu überdribbelnde Torlinie dabei ist, umso leichter haben es die angreifenden Spieler, den nicht bewachten Torraum wahrzunehmen. Außerdem spielen die Kinder durch das Überdribbeln der gegnerischen Torlinie tendenziell verstärkt über die Flügel, wodurch man eine unerwünschte Ballung junger Spieler um den Ball herum verhindert.

Bei den in diesem Buch erläuterten Übungen dieser Entwicklungsstufe ist jeweils angegeben, wie groß die Tore einer Übung sind und ob die Torlinie überdribbelt werden oder ob aufs Tor abgeschlossen werden muss.

Fußbälle

Ab einem Alter von sieben Jahren empfiehlt es sich, mit Kinderfußbällen in der **Größe 4** zu spielen.

Ausrüstung

Alle Spieler einer Mannschaft sollten **dieselben Trikots, Hosen und Stutzen** tragen. Im Training kann die Zugehörigkeit zu einem Team jedoch auch durch **passend farbliche Leibchen** zum Ausdruck gebracht werden.

Maße des Spielfeldes

Die Wahl der optimalen Spielfeldmaße ist für die Entwicklung und den Fortschritt von jungen Spielern und Spielanfängern auf körperlicher, technischer und mentaler Ebene enorm wichtig. Aus diesem Grund sollte die Größe des Spielfeldes keineswegs zufällig gewählt werden, sondern immer dem Alter sowie der Anzahl der Spieler innerhalb einer Mannschaft entsprechend angepasst werden. In der ersten Stufe des Entwicklungsmodells, die in der Regel ab einem Alter von sieben Jahren bzw. mit dem Eintritt in die E-Jugend beginnt, wird kein normales Spielfeld genutzt, sondern vielmehr eine Fläche von **20 x 40 Metern**.

Grundsätzlich sollten Trainer beachten: Je weniger technisch versiert die Spieler seiner Mannschaft sind, umso mehr Zeit und Raum benötigen sie, um ein akzeptables spielerisches Niveau auf dem Feld zu erreichen.

TRAININGSDIMENSIONEN

Zur Erinnerung:
Die erste Stufe des Entwicklungsmodells beginnt ab einem Alter von sieben Jahren bzw. mit Eintritt in die E-Jugend und zielt auf Spiele zur Entwicklung sowie zur Schulung von fundamentalen Fähigkeiten und Fertigkeiten ab. Hierfür bieten sich verschiedene Spiele an, zu denen

- die Ballschule,
- das Koordinationstraining

sowie Spiele

- zum Dribbeln,
- zum Passen, zur Ballannahme und -mitnahme und zum Torschuss,
- zur Abwehr,
- im Labyrinth,
- Mehrzweckspiele und
- der Fußballtriathlon im 2 gegen 2

gehören. Diese Inhalte werden im Folgenden innerhalb der vier Dimensionen zur Förderung von Fußballkönnen erarbeitet.

Athletik

Koordinationstraining

Dribbling im Stangenlauf:

Für das Dribbling im Stangenlauf werden auf dem Boden zwei Reihen à fünf hintereinanderliegender Stangen ausgelegt und jeweils am oberen und unteren Punkt der Stangen zwei Starthütchen hintereinander aufgebaut. Außerdem werden vier Hütchen jeweils seitlich neben der Stangenreihe positioniert. Seitlich versetzt neben dem jeweils hinteren Starthütchen und damit in einer Linie mit den vier Hütchen wird zudem auf beiden Seiten ein Minitor aufgestellt. Nachdem die Übung aufgebaut wurde, nimmt sich jeder Spieler einen Ball, wobei die Hälfte aller Spieler jeweils ein Starthütchen besetzt.

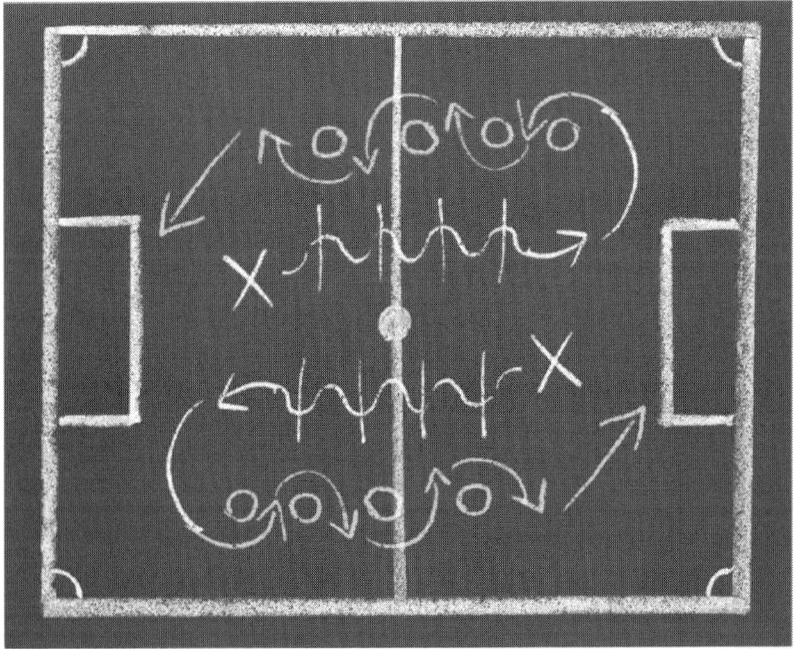

Sobald der Trainer das Signal gibt, starten die ersten beiden Spieler am Starthütchen durch den Parcours, indem sie den Ball in ihre Hände nehmen und beide Arme nach vorne ausstrecken. An der letzten Stange der Stangenreihe angekommen, lassen sie den Ball fallen, nehmen diesen mit dem Fuß kontrolliert an und dribbeln im Anschluss im Slalom durch die Hütchenreihe, bevor sie auf das Minitor abschließen.

Variante 1: Anstatt mit dem Ball in den Händen durch die Stangenreihe zu laufen, kann die koordinative Aufgabe verändert werden, sodass die Spieler diese zum Beispiel im Sidestep passieren müssen.

Variante 2: Die Stangenreihe wird nicht mit dem Ball in den Händen durchlaufen, sondern der Ball wird seitlich an den Stangen vorbeigepasst, während die Spieler zeitgleich über die Stangenreihe hinüberlaufen müssen.

Variante 3: Nachdem ein Spieler aufs Minitor abgeschlossen hat, bekommt er ein flaches, halbhohes oder hohes Zuspiel vom Spieler am hinteren Starthütchen und muss dieses Zuspiel entweder erst kontrollieren oder direkt aufs Tor abschließen.

Spiele im Labyrinth

Das athletische Labyrinth:

Für die Übung „Das athletische Labyrinth" wird zunächst ein Spielfeld mit den Maßen 20 x 20 Meter abgesteckt. In jeder Ecke des Feldes wird ein Hütchen positioniert, das als Startposition fungiert. Auf der rechten Außenseite werden fünf Stangen hintereinander auf den Boden gelegt bzw. alternativ kleine Hürden aufgebaut und auf der linken Außenseite wird eine Koordinationsleiter auf dem Boden hingelegt. Innerhalb des Feldes werden zudem von den beiden hinteren Startpositionen ausgehend jeweils fünf Slalomstangen versetzt zueinander aufgestellt, die zur Mitte hin verlaufen.

Die Spieler teilen sich anschließend gleichermaßen auf die vier Startpositionen auf. Die beiden Spieler an der unteren Grundlinie, Spieler A und Spieler C, bekommen außerdem jeweils einen Ball. Spieler A, der an der unteren Grundlinie in der linken Ecke steht, und Spieler C, der an der unteren Grundlinie in der rechten Ecke steht, starten zur selben Zeit, indem sie mit Ball am Fuß einige Meter dribbeln und den Ball dann ihrem gegenüberstehenden Mitspieler an der oberen Grundlinie zupassen. Die beiden Passempfänger, Spieler B und Spieler D, nehmen den Ball direkt in Laufrichtung der Slalomstangen mit und dribbeln den Ball präzise und eng durch die Slalomreihe hindurch. Haben Spieler B und Spieler D die Hälfte der Slalomreihe passiert, starten die Spieler an den unteren Grundlinien mit dem nächsten Durchgang.

Wenn Spieler B und Spieler D die Slalomreihen im Dribbling passiert haben, dribbeln sie den Ball sauber und mit Tempo zum gegenüberliegenden Starthütchen. Sobald die Spieler des ersten Durchgangs die Übung absolviert haben, wird Spieler A zu Spieler B, Spieler B zu Spieler C, Spieler C zu Spieler D und Spieler D zu Spieler A. Dabei führt Spieler A eine Aufgabe an der Koordinationsleiter, die im Vorfeld vom Trainer festgelegt wurde, sowie Spieler B eine Aufgabe an den Stangen bzw. Hürden durch.

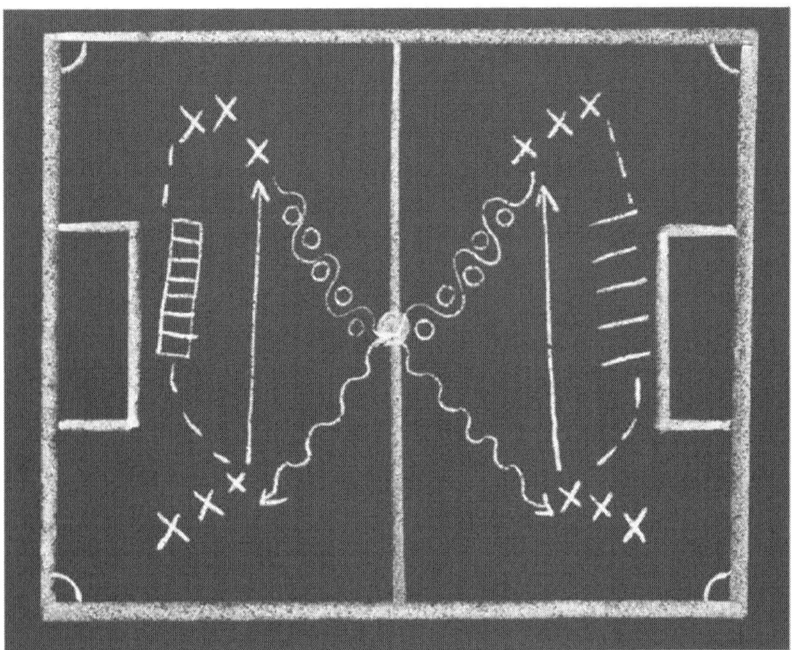

Variation: Nachdem Spieler A und Spieler C jeweils einen Pass zu Spieler B und Spieler D gespielt haben, lassen diese das Zuspiel klatschen und werden anschließend, durch einen Doppelpass, erneut angespielt.

Schulung der Gewandtheit

Shuttle-Sprint:

Für den Shuttle-Sprint stellen sich zwei Spieler (Spieler A und Spieler B) etwa vier Meter auseinander, zwischen zwei Hütchen mit unterschiedlichen Farben, die in einem Abstand von zehn Metern positioniert werden, auf. Der Trainer stellt sich zudem in der Mitte der beiden Hütchenlinien auf und hält jeweils dieselben Hütchenfarben in der Hand. Anschließend hält der Trainer jeweils eine Hütchenfarbe sichtbar in die Luft, woraufhin die Spieler zur jeweils angezeigten Farbe starten, diese mit der Hand berühren, im Anschluss zum anderen Hütchen sprinten und zum Schluss in die Ausgangsposition zurückkommen müssen.

Variation: Die Spieler müssen zur jeweils entgegengesetzten Hütchenfarbe sprinten.

Technik

Ballschule und Ballannahme

Ballkontrolle:

Auf einem abgesteckten Spielfeld werden in einem Abstand von fünfzehn Metern zwei Hütchen als Startpunkte aufgestellt. Innerhalb dieser fünfzehn Meter werden zudem vier Stangen in einer Reihe mit gleichem Abstand aufgebaut. Je nach Anzahl der Spieler kann entweder nur eine oder können mehrere Stationen aufgebaut werden.

Nachdem die Stationen aufgebaut wurden, teilen sich die Spieler in gleich große Gruppen auf und verteilen sich gleichmäßig hinter den jeweiligen Startpunkten einer Station. Der erste Spieler (Spieler A) befindet sich mit Ball am Fuß hinter dem Starthütchen auf der rechten Seite. Spieler A jongliert den Ball einige Male, bevor er ihn direkt aus dem Jonglieren mit Gefühl und möglichst präzise halbhoch oder hoch zu Spieler B spielt, der ihm gegenüber am anderen Starthütchen steht. Nachdem Spieler A den Ball gespielt hat, läuft dieser seinem Zuspiel nach. Spieler B nimmt den Ball von Spieler A möglichst sauber an, kontrolliert diesen und dribbelt anschließend so schnell wie möglich und eng mit dem Ball am Fuß durch den in der Mitte aufgebauten Slalomparcours aus Stangen und stellt sich dann am Ende der Reihe vom rechten Starthütchen auf.

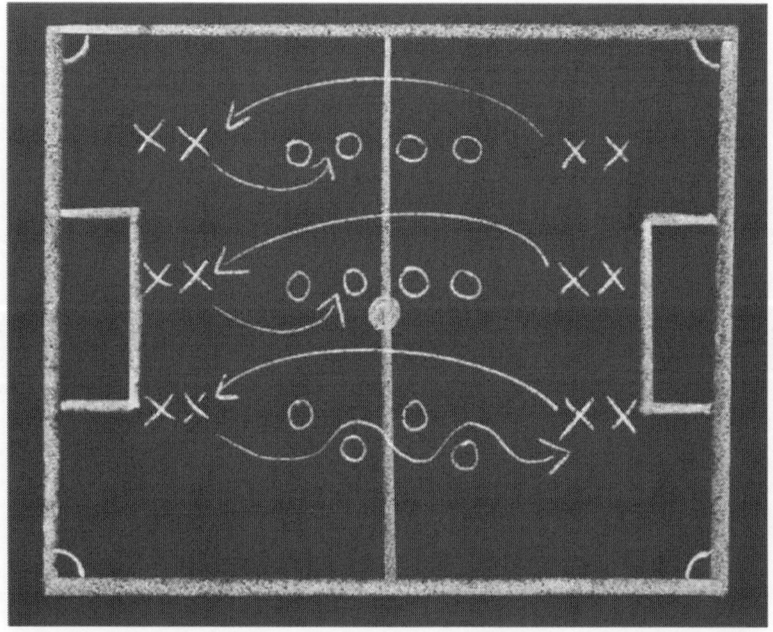

Variation 1: Spieler A spielt Spieler B den Ball bewusst unsauber zu, um dessen Fähigkeiten zu fordern.

Variation 2: Wechselt Spieler A nach seinem Zuspiel die Seite, muss er auf seinem Weg einige Übungen, zum Beispiel Hopserlauf oder Kniehebellauf, durchführen oder zur anderen Seite sprinten.

Dribbelspiele

Der Schnittpunkt:

Zu Beginn der Übung wird der Spieleranzahl entsprechend ein Quadrat als Spielfeld abgesteckt, das in jeder Ecke mit einem Orientierungshütchen begrenzt wird. Im Anschluss teilen sich alle Spieler gleichmäßig auf die vier Orientierungshütchen auf. Die beiden ersten Spieler zweier nebeneinanderliegender Hütchen bekommen dabei einen Ball. Das Ziel dieses Dribbelspiels ist es nun, den Ball sauber und eng am Fuß durch die Mitte des Feldes zum gegenüberliegenden Mitspieler zu dribbeln, ohne dabei im Schnittpunkt des Feldes mit einem anderen Mitspieler zusammenzustoßen.

Variation 1: Jeder Spieler bekommt einen Ball. Alle vier Startspieler müssen zur selben Zeit zum gegenüberliegenden Orientierungspunkt dribbeln und direkt zum Starthütchen zurückkehren.

Variation 2: Die Starthütchen werden durch Minitore oder Hütchentore ersetzt, in die die Spieler den Ball nach dem Dribbeln spielen müssen.

Dribbelspiele

Quadratwechsel:

Für den Quadratwechsel werden zunächst vier 8 x 8 Meter große Quadrate aufgebaut, die sich jeweils in einem Abstand von zwölf Metern zueinander befinden. Je nach Spieleranzahl werden anschließend vier Mannschaften à drei oder vier Spieler gebildet, wobei jedes Team ein Quadrat besetzt. Im Anschluss dribbelt jeder Spieler sauber, präzise und eng mit dem Ball am Fuß in seinem Quadrat. Sobald das Signal des Trainers erfolgt, zum Beispiel ein kurzes Pfeifen oder ein lauter Zuruf, müssen die Spieler jeder Mannschaft so schnell wie möglich mit Ball am Fuß aus ihrem Feld in das nächste Feld wechseln, das im Uhrzeigersinn an ihr vorheriges anknüpft. Das Team, dessen Spieler alle ihre Bälle zuerst in das neue Quadrat dribbeln konnte, gewinnt die Übung. Gespielt werden kann so lange, bis nur noch ein Team, das Verliererteam, übrig geblieben ist.

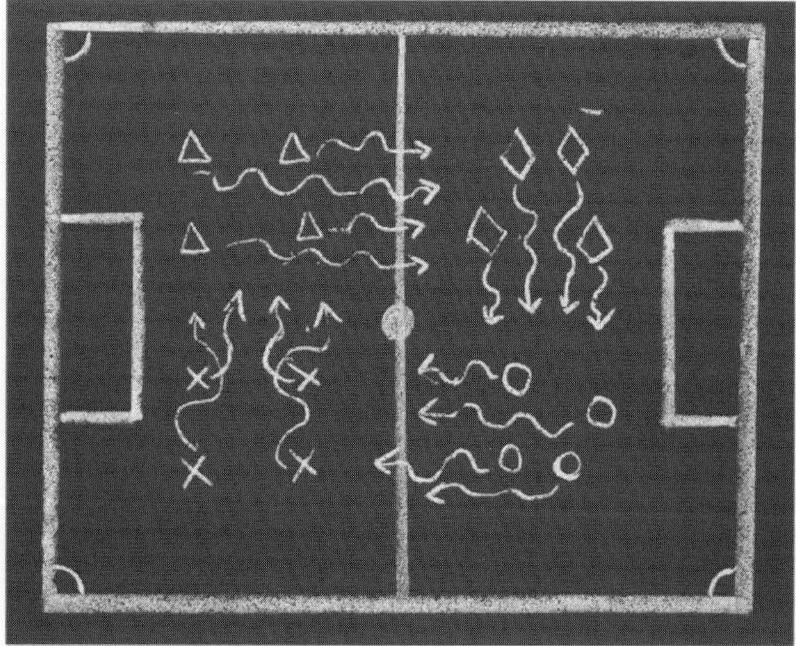

Variation: Anstatt die Quadrate im Uhrzeigersinn zu wechseln, stellt sich der Trainer in der Mitte, am Schnittpunkt aller Felder, auf und zeigt den jeweiligen Richtungswechsel lautlos mit seinen Händen an.

Spiele zum Passen, zur Ballannahme und -mitnahme und zum Torschuss

Das Spiel auf Offentore:
Für das Spiel auf Offentore wird zunächst ein 25 x 25 Meter großes Spielfeld abgesteckt, in jeder Ecke des Feldes jeweils ein fünf Meter breites Tor aus Stangen aufgebaut und die Spieler werden in zwei Vierermannschaften eingeteilt. Sobald der Trainer das Signal gibt, beginnt das offene Spiel im Feld für zehn Minuten. Aufgabe der beiden Mannschaften ist es nun, den Ball durch eines der vier Stangentore zu passen, wobei ein Mitspieler desselben Teams den Ball hinter dem Tor annehmen und unter Kontrolle bringen muss. Erobert ein Spieler des gegnerischen Teams den Ball nach dem Pass durch ein Tor, wird dieses nicht gezählt und das Spiel fortgesetzt.

Jede Mannschaft erhält für einen durchgepassten und im Anschluss angenommenen Ball einen Punkt. Die Treffer zählen dabei von beiden Seiten der Offentore. Das Viererteam, das nach Ablauf der im Vorfeld festgelegten Spielzeit die meisten Tore und somit auch die meisten Punkte erzielt hat, gewinnt das Spiel auf die Offentore.

Mentale Faktoren

Fußballtriathlon im 2 gegen 2

Fußballtriathlon:
Neben dem athletischen Grundgedanken, der sich hinter dem Triathlon verbirgt, eignet sich der Triathlon im 4 gegen 4 auch ideal als Teil des mentalen Trainings, da er nicht nur die Willensstärke der Spieler fördert, sondern auch ihren Teamgeist stärkt.

Für den Fußballtriathlon teilen sich die Spieler zunächst in Teams à zwei Spieler ein. Die Paare treten im Anschluss im 2 gegen 2 gegen ein anderes Team an. Jedes Zweierteam muss dabei drei Disziplinen durchlaufen, die nach Belieben entweder zeitlich versetzt oder zeitgleich durchgeführt werden. Die Paarung, die nach Abschluss des Fußballtriathlons in der Summe die meisten Punkte bzw. das beste Ergebnis erzielt hat, gewinnt den Fußballtriathlon.

1. Disziplin – 600-Meter-Lauf: Bei der ersten der drei Disziplinen müssen sich die Zweierteams in einem 600-Meter-Lauf auf Zeit beweisen. Sobald der Trainer das Startsignal gibt, laufen die jeweiligen Teams los. Die Zeit wird erst gestoppt, wenn beide Spieler eines Teams die Start-Ziel-Linie überquert haben. Der Trainer notiert im Anschluss die Zeit, die die Teams für die Strecke von 600 Metern gebraucht haben.

2. Disziplin – Fußballgolf: An den 600-Meter-Lauf knüpft die zweite Disziplin, ein Parcours, der aus Fußballgolf besteht, an. Beim Fußballgolf müssen die Teams zehn unterschiedliche, aus beliebigen Fußballstationen bestehende Stationen absolvieren. Wie beim Minigolf versuchen die Spieler hierbei, die Ziele, die zum Beispiel aus Hütchen, Toren, Stangen oder Ringen bestehen, von einem Starthütchen aus mit so wenigen Schüssen und so schnell wie möglich zu treffen. Der Trainer stoppt die Zeit, die die Spieler zum Absolvieren des Parcours benötigen, sobald diese mit dem Fußballgolf beginnen. Die benötigte Zeit fließt am Ende in die Auswertung des Fußballtriathlons ein.

3. Disziplin – Fußballstationen: Die dritte Disziplin des Fußballtriathlons setzt sich aus zwei Fußballstationen zusammen, die von den Paaren absolviert werden müssen.

Die **erste Station** ist das **Balljonglieren**, bei der beide Spieler der jeweiligen Paarung den Ball so oft wie möglich jonglieren müssen. Je nach technischen Fähigkeiten können hierbei unterschiedliche Varianten von den Kindern abverlangt werden. So könnten diese den Ball entweder mit beiden Füßen oder nur mit dem schwachen oder dem starken Fuß jonglieren. Jedes Team hat lediglich einen einzigen Versuch. Die Anzahl der Balljonglagen wird anschließend vom Trainer notiert, um dann den Mittelwert der Ergebnisse des Teams zu ermitteln.

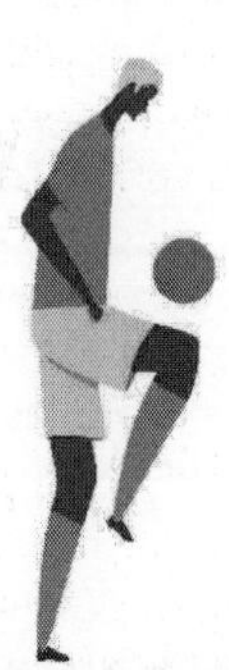

Beispielrechnung:
Dem ersten Spieler gelingt es, den Ball achtmal zu jonglieren. Der zweite Spieler jongliert den Ball zehnmal. Das Team hat den Ball also in der Summe achtzehnmal jongliert, wodurch sich ein Mittelwert von neun für dieses Paar ergibt.

Die **zweite Station** setzt sich aus einem **Dribbelparcours** zusammen, für den unterschiedliche Stangen, Hütchen und Reifen in einer Reihe aufgebaut werden, die dann von den Teams schnellstmöglich umdribbelt werden müssen.

Am Ende des Dribbelparcours notiert der Trainer die Zeit, die beide Spieler eines Teams zum Absolvieren des Parcours benötigt haben. Im Anschluss wird erneut der Mittelwert der Ergebnisse eines Paares berechnet.

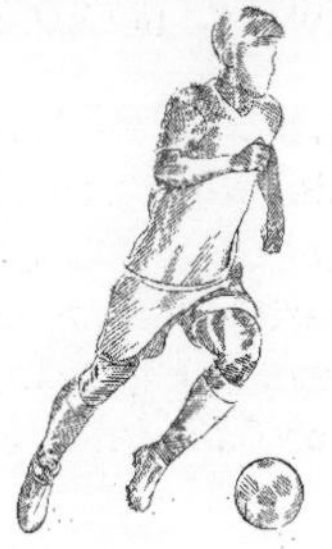

Auswertung der Ergebnisse:
Nachdem alle Teams den Fußballtriathlon erfolgreich durchlaufen haben, folgt die Auswertung der Ergebnisse. Hierfür kann sich der Trainer an der folgenden Vorgehensweise orientieren:

- Die **Wertungszeit** ergibt sich aus der **Summe** aus der Zeit für den 600-Meter-Lauf, für das Fußballgolf sowie aus der Zeit, die die Paare durchschnittlich für das Absolvieren des **Dribbelparcours** benötigt haben.
- Der Mittelwert, der sich durch das **Balljonglieren** ergab, ergibt **eine Zeitgutschrift** und wird von der Wertungszeit **subtrahiert**.

Beispielrechnung:
➔ 600-Meter-Lauf = 2 Minuten
➔ Fußballgolf = 6 Minuten
➔ Dribbelparcours = 2 Minuten
➔ Mittelwert beim Jonglieren = 9 = 9 Sekunden Zeitgutschrift
➔ Ergebnis = 2 Minuten + 6 Minuten + 2 Minuten - 9 Sekunden
➔ Wertungszeit = **9 Minuten und 51 Sekunden**

Das Paar, das am Ende des Fußballtriathlons die niedrigste Wertungszeit erreicht hat, gewinnt.

In die folgende Tabelle können die Ergebnisse eingetragen werden:

Team	Lauf	Fußball-golf	Ball-jonglieren	Dribbel-parcours	Wertungs-zeit	Platzie-rung

Mentalcoaching

Visualisierung:

Um als junge Mannschaft auf dem Platz fußballerische Erfolge feiern zu können, ist es wichtig, sowohl die persönlichen Vorstellungen vom sowie beim Fußball als auch die gesammelten Erlebnisse beim Training und im Spiel zu visualisieren.

Definition: Visualisierung

Die **Visualisierung** ist eine kraftvolle und effektive Methode aus dem Mentalcoaching, bei der wir uns und anderen **unsere Ziele, Ideen, Ereignisse und den Weg dorthin sichtbar** machen. Im Zuge dessen kann uns die Visualisierung zum Beispiel dabei helfen, **Ängste zu reduzieren, loszulassen und Klarheit zu gewinnen**. Das Ziel der Visualisierung ist es, ein **präzises inneres Gedankenbild** davon zu konstruieren, wie wir **unser persönliches Ziel erreichen** und diesem näherkommen wollen.

Die Visualisierung von erfolgreichen Erinnerungen zielt darauf ab, gedanklich ein inneres Bild einer positiven Erinnerung abzurufen. Hierbei schulen die Kinder jedoch nicht nur ihre Visualisierungsfähigkeit, sondern auch ihre Konzentration. Darüber hinaus hilft ihnen das innerliche Abrufen einer positiven Erinnerung dabei, Ängste in gegenwärtigen Momenten zu reduzieren. Außerdem erhöhen die gedanklichen Bilder die Wahrscheinlichkeit, dass die positive Erinnerung zum wiederholten Mal eintreten könnte bzw. dass die eigene Wunschvorstellung in Erfüllung geht.

Bevor die Kinder mit der Visualisierung beginnen, sollten sie sich für sich selbst genug Zeit nehmen und die Übung zu einem Zeitpunkt ausführen, in dem sie weder gestört noch abgelenkt werden können, zum Beispiel vor einem Spiel. Anschließend setzen oder legen sich die Spieler bequem hin, schließen ihre Augen und visualisieren eine weiße Wand vor ihrem inneren Auge. Daneben platzieren sie Farben und Pinsel, die sie benötigen, um die weiße Wand gedanklich zu bemalen und dieser Leben einzuhauchen. Hierbei liegt die Aufmerksamkeit der Kinder sowohl auf der visualisierten Wand selbst als auch auf dem Bild, das gezeichnet werden soll. So könnte ein Angreifer zum Beispiel zeichnen, dass er den Ball nach einem Eckstoß in die lange Ecke des Tores köpft. Ein Verteidiger könnte malen, wie er den Ball in letzter Sekunde von der eigenen Torlinie rettet, und ein Torhüter, wie er den entscheidenden Elfmeter hält. Es kommt nicht darauf an, was genau die Spieler zeichnen, sondern vielmehr darauf, dass das Gezeichnete stets den optimalen Ausgang jeder Situation widerspiegelt.

Teambuilding

Partnerfußball mit Händchenhalten:

Die Übung „Partnerfußball mit Händchenhalten" ist eine wundervolle Übung, um den Teamgeist der jungen, heranwachsenden Mannschaft zu stärken. Hierfür wird zunächst ein der Spieleranzahl entsprechend großes Spielfeld abgesteckt und jeweils ein Tor auf beiden Grundlinien aufgestellt. Die Spieler teilen sich dann in zwei Teams mit einer geraden Spieleranzahl auf, wobei jedes Team zusätzlich einen Torwart bekommt. Innerhalb beider Teams finden sich außerdem immer jeweils zwei Spieler zusammen, die sich paarweise an die Hand nehmen.

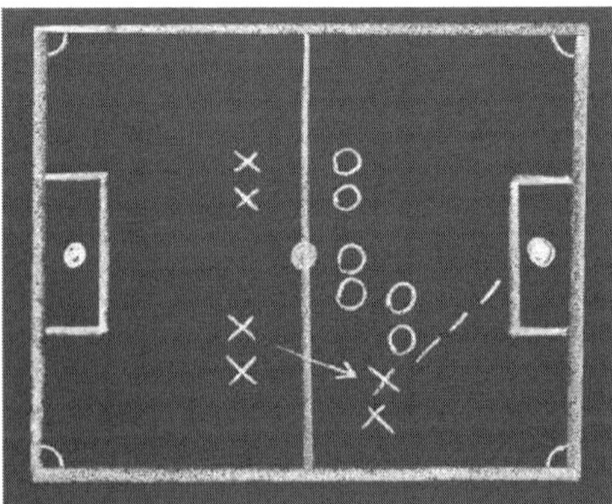

Sobald sich die Paare zusammengefunden haben, beginnt das freie Spiel im Feld für vier Minuten. Während der Spielzeit dürfen sich die Paare nicht loslassen und müssen als Team innerhalb des Teams gemeinsam funktionieren. Wenn der Ball im Seitenaus landet, wird dieser durch einen gemeinsamen Einwurf des Paares wieder zurück ins Spielfeld gebracht. Lässt sich ein Paar los, bekommt ein Paar der anderen Mannschaft den Ball.

Taktik/Spielintelligenz

Spiele zur Abwehr

Überzahlspiel:

Für das Überzahlspiel wird zunächst ein großes Spielfeld mit 25 x 20 Metern aufgebaut, an dessen Grundlinien sich jeweils ein Tor mit Torhüter befindet. Die Spieler teilen sich nun in zwei Fünfermannschaften auf und verteilen sich so im Feld, dass sich in der einen Spielfeldhälfte drei Angreifer und in der anderen Hälfte zwei Verteidiger eines Teams befinden. Auf das Signal des Trainers beginnt das freie Spiel mit einer einzigen Beschränkung: Die Spieler dürfen ihre zu Beginn zugeteilte Hälfte nicht verlassen. Gespielt wird insgesamt sieben Minuten. Ziel der ballbesitzenden Mannschaft ist es, Lücken in dem Abwehrverband des gegnerischen Teams herauszuspielen, diese auszunutzen und erfolgreich aufs Tor abzuschließen. Ziel der ballverteidigenden Mannschaft ist es hingegen, keine Lücken entstehen zu lassen, den Pass in die Tiefe zu unterbinden und das eigene Tor somit zu verteidigen.

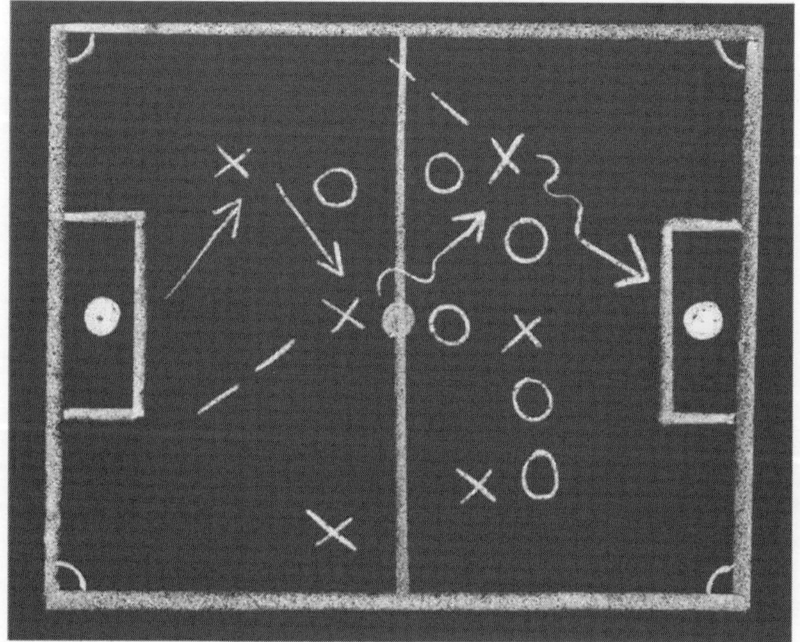

Spiele zum Passen, zur Ballannahme und -mitnahme und zum Torschuss

Das 2:0-Spiel:

Zu Beginn der Übung zum Passen, zur Ballannahme und -mitnahme sowie zum Torschuss wird ein 25 x 20 Meter großes Spielfeld abgesteckt. Anschließend wird das Feld in drei Zonen eingeteilt. Die erste und die dritte Zone sind jeweils fünf Meter und die mittlere Zone fünfzehn Meter breit. Außerdem werden auf beiden Grundlinien zwei Minitore gegenüberliegend voreinander aufgestellt und die Spieler in zwei Mannschaften mit vier Spielern eingeteilt.

Die Spieler begeben sich in die Mittelzone, in der das freie Spiel, auf Signal des Trainers, beginnt. Ziel des 2:0-Spiels ist es nun, in die Endzone des gegnerischen Teams, entweder durch geschicktes Dribbling oder durch ein Zuspiel, einzudringen. Sobald eine der beiden Mannschaften in die Endzone des anderen Teams eindringt, darf ein zweiter Angreifer derselben Mannschaft mit in die Angriffszone einlaufen und nach einem Zuspiel seines Mitspielers direkt auf eines der beiden Minitore abschließen. Die Spielzeit beträgt acht Minuten.

Variation: Sobald es einer Mannschaft gelungen ist, in die gegnerische Endzone einzudringen, darf nicht nur ein weiterer Angreifer desselben Teams mit einrücken, sondern auch ein Verteidiger der gegnerischen Mannschaft, sodass eine 2-zu-1-Überzahlsituation in der Angriffszone erzwungen wird.

Mehrzweckspiele

Zonenfangen:

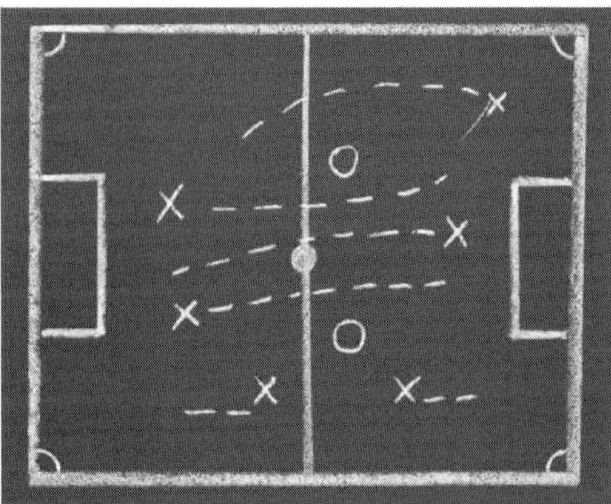

Zunächst wird ein 20 x 25 Meter großes Spielfeld abgesteckt, in dessen Mitte sich eine fünf Meter breite Zone befindet. In den beiden jeweils zehn Meter breiten äußeren Zonen, links und rechts neben der Mittelzone, verteilen sich jeweils drei Spieler pro Zone. Auf das Signal des Trainers müssen diese Spieler nun versuchen, über die Mittelzone in die gegenüberliegende Zone zu wechseln. In der Mittelzone befinden sich jedoch zwei weitere Spieler, die versuchen müssen, die anderen Spieler am Passieren der mittleren Zone zu hindern und diese mit der Hand abzuschlagen.

Variation 1: Das Zonenfangen wird auf Zeit gespielt. Für jeden erfolgreichen Zonenwechsel gibt es einen Punkt. Der Spieler, der nach Ablauf der Zeit die meisten Punkte gesammelt hat, gewinnt das Spiel.

Variation 2: Sobald ein Spieler beim Zonenwechsel abgeschlagen wird, muss dieser in die Mittelzone wechseln und wird somit zum neuen Fänger.

Ballschule

Pylone bewachen:

Für die Übung „Pylone bewachen" wird zunächst ein 20 x 20 Meter großes Spielfeld abgesteckt, in dem in der Mitte eine Pylone aufgestellt wird. Ein Spieler stellt sich an der Pylone auf. Seine Aufgabe ist es, diese zu bewachen und zu verteidigen. Um den Mittelspieler herum stellen sich außerdem vier weitere Spieler auf, deren Ziel es ist, die bewachte Pylone, durch geschicktes Zusammenspiel, umzuschießen.

Variation 1: Die Anzahl der Ballkontakte, die die vier äußeren Spieler haben, wird begrenzt.

Variation 2: Bekommt einer der äußeren Spieler den Ball von einem Mitspieler zugepasst, darf er diesen nicht erneut zum Passgeber zurückspielen.

Variation 3: Vom Mittelspieler müssen zwei Pylonen bewacht werden.

Variation 4: Die Übung wird auf Zeit und in Form eines Wettkampfes gespielt. Der Mittelspieler, der seine Pylone am besten bzw. am längsten ohne Umschießen bewacht hat, gewinnt die Übung.

Stufe 2: ab 8 Jahren – Minifußball kindgerecht fördern

Grundlegendes

Material

Tore

Genau wie in der ersten Entwicklungsstufe sollten Trainer auch in der zweiten Entwicklungsstufe darauf achten, dass ihre Spieler **die gegnerische Torlinie überdribbeln**, anstatt immer wieder aufs Tor zu schießen. Im Gegensatz zur ersten Entwicklungsstufe kann die zu überdribbelnde Torlinie in der zweiten Entwicklungsstufe jedoch **etwas verkleinert** werden, um die Wahrnehmung der Spieler stärker zu fördern. Darüber hinaus wird durch das Überdribbeln der gegnerischen Torlinie das Spiel über die Flügel geschult, sodass eine unerwünschte Ballung junger Spieler um den Ball herum verhindert werden kann.

Daneben kann ab der zweiten Entwicklungsstufe jedoch auch auf **vier Minitore** gespielt werden, wobei jeder Mannschaft zwei Tore zugeordnet werden.

Bei den jeweiligen in diesem Buch erläuterten Übungen dieser Entwicklungsstufe ist jeweils angegeben, wie groß die Tore einer Übung sind und ob die Torlinie überdribbelt werden oder ob aufs Tor abgeschlossen werden muss.

Fußbälle

Ab einem Alter von acht Jahren empfiehlt es sich, mit Kinderfußbällen in der **Größe 5** zu spielen, wobei beim Minifußball in der Regel mit einem Ball in der **Größe 4** gespielt wird.

Ausrüstung

Alle Spieler einer Mannschaft sollten **dieselben Trikots, Hosen und Stutzen** tragen. Im Training kann die Zugehörigkeit zu einem Team jedoch auch durch **passend farbliche Leibchen** zum Ausdruck gebracht werden. Außerdem sollten alle Spieler mit **Schienbeinschonern** spielen.

Maße des Spielfeldes

Für die zweite Stufe des Entwicklungsmodells, die in der Regel ab einem Alter von acht Jahren bzw. mit dem Eintritt in die E-Jugend beginnt, bieten sich jegliche Formen und Spiele für den Minifußball an. Die Spielfeldmaße für den Minifußball sind dabei in der Regel **27–30 x 20–25 Meter** groß.

Trainingsdimensionen

Zur Erinnerung:
Die zweite Stufe des Entwicklungsmodells beginnt ab einem Alter von acht Jahren bzw. mit Eintritt in die E-Jugend und zielt auf jegliche Spiele für den Minifußball ab. Hierfür bieten sich verschiedene Spiele an, zu denen

- Spiele für grundlegende Fertig- und Fähigkeiten,
- der Test der Spielfähigkeit im Minifußball,
- die Koordination,
- vorbereitende und korrigierende Spiele für Minifußball,
- vereinfachte Spiele im 2 gegen 2 mit anschließenden Korrekturspielen und
- der Triathlon im 3 gegen 3

gehören. Diese Inhalte werden im Folgenden innerhalb der vier Dimensionen zur Förderung von Fußballkönnen erarbeitet.

Athletik

Schnelligkeit, Ausdauer, Orientierung & Kondition

Der Zonenwettlauf:
Für den Zonenwettlauf wird ein 30 x 30 Meter großes Spielfeld abgesteckt, in dem vier Quadrate mit unterschiedlichen Hütchenfarben aufgebaut werden. Die Spieler dribbeln acht Minuten lang mit Ball im Feld. Währenddessen ruft der Trainer ihnen in unregelmäßigen Abständen Hütchenfarben zu, woraufhin die Spieler so schnell wie möglich in das entsprechende Hütchenfeld dribbeln müssen.

Variation 1: Es darf nur mit dem schwächeren Fuß gedribbelt werden.

Variation 2: Der Spieler bzw. die beiden Spieler, die die Hütchenquadrate jeweils als Letztes erreichen, müssen eine kleine Strafaufgabe machen, zum Beispiel Hampelmänner, Kniebeuge oder Liegestütze.

Koordinationstraining

Farb-Koordination:

Die Koordinationsübung „Farb-Koordination“ setzt sich aus drei Spielabläufen zusammen, die entweder in einem gemeinsamen Training angeboten oder aber isoliert voneinander durchgeführt werden können. Neben den koordinativen Fähigkeiten stehen hierbei auch das Passspiel, das Dribbling sowie das Sprinten der einzelnen Spieler im Vordergrund.Zu Beginn der Übung wird für jeden der drei Spielabläufe eine Startposition auf dem Boden markiert und am Ende jedes Spielfeldes ein Minitor positioniert.

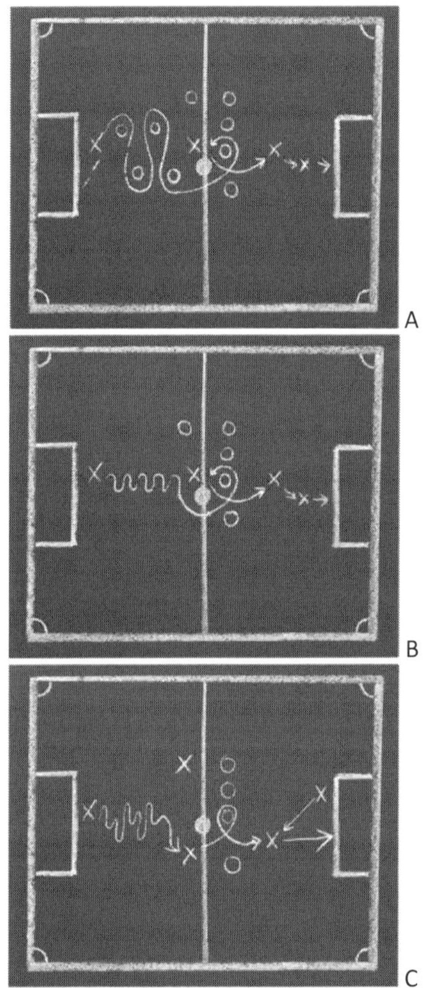

Bei **Ablauf A** werden zunächst fünf Meter hinter der Startposition vier versetzt zueinander stehende Hütchen aufgebaut, die die Spieler mit Ball am Fuß im Slalom umdribbeln müssen. Hinter den Slalomhütchen werden drei weitere Hütchen in verschiedenen Farben in einer Reihe aufgestellt. Fünf Meter hinter der Hütchenreihe befindet sich außerdem ein weiteres Hütchen, das als Abschlusspunkt fungiert. Kurz bevor die Spieler an diesem Abschlusspunkt angelangt sind, führen sie eine Finte aus und schließen dann aufs Minitor ab.

Bei **Ablauf B** wird hinter der Startposition eine Koordinationsleiter auf dem Boden aufgebaut, die von den Spielern nach Vorgabe und mit dem Fußball in der Hand durchlaufen werden muss. Nachdem die Koordinationsleiter passiert wurde, spielen die Kinder den Ball kontrolliert mit dem Fuß weiter. Genau wie in Ablauf B folgt dann als zweite Station eine Reihe aus drei Hütchen mit unterschiedlichen Farben sowie fünf Meter dahinter ein weiteres Hütchen, das ebenfalls als Abschlusspunkt fungiert.

Bei **Ablauf C** werden hinter der Startposition fünf Ringe zueinander versetzt auf dem Boden platziert, die alle Spieler ohne Ball, dafür aber nach Bewegungsvorgabe durchlaufen müssen. Wie in Ablauf A und Ablauf B folgen daran anknüpfend die Hütchenreihe mit unterschiedlichen Hütchenfarben sowie der Abschlusspunkt. Außerdem befinden sich bei Ablauf C am Ende des Parcours neben dem Minitor weitere Spieler mit Ball, die dem jeweiligen Mitspieler, der gerade den Parcours durchlaufen hat, den Ball scharf und präzise zupassen, sobald dieser am Abschlusspunkt angekommen ist.

Achtung:
Bei dieser Übung benötigt auch der Trainer drei Hütchen, die dieselben Farben haben, wie die Hütchen, die sich in den Hütchenreihen bei allen drei Abläufen befinden. Die ersten Spieler jeder Gruppe starten von der Startposition aus, sobald das Signal des Trainers ertönt. Kurz bevor jeder Spieler in jedem Ablauf die erste Station absolviert hat, hält der Trainer eines seiner drei Hütchen sichtbar in die Luft. Aufgabe der Spieler ist es nun, eines der drei Hütchen in ihrem Feld, entsprechend der gezeigten Hütchenfarbe des Trainers, zu umkreisen. Die zweiten Spieler an den jeweiligen Startpositionen können mit der Übung beginnen, sobald die Spieler des ersten Durchgangs ihr jeweiliges Hütchen umkreist haben.

Koordinationstraining

Das Stangenfarbenspiel:

Zu Beginn der Übung werden zwei Felder nebeneinander aufgebaut. An der oberen Grundlinie werden außerdem zwei Markierungen als Startposition und an der unteren Grundlinie ebenfalls zwei Markierungen als Endposition auf dem Boden platziert. Außerdem wird in beiden Feldern jeweils ein Stangentor mit zwei unterschiedlich farbigen Stangen, fünf Meter vor den Starthütchen und zehn Meter vor den Endhütchen, aufgebaut. Im Anschluss verteilen sich die Spieler auf zwei gleich große Gruppen und stellen sich mit Ball an ihren jeweiligen Starthütchen auf.

Im ersten Feld, also bei **Ablauf A**, startet der erste Spieler am Hütchen, sobald er das Signal des Trainers hört. Beim Ausrufen des Signals gibt der Trainer dem Spieler eine der beiden Farben des Stangentores vor. Aufgabe des Spielers ist es nun, zur jeweiligen aufgerufenen Stangenfarbe zu sprinten, diese von innen nach außen zu umrunden und anschließend zurück zum Starthütchen zu laufen, an der er sich seinen Ball abholt und mit Tempo bis zum Endhütchen auf der anderen Seite dribbelt.

Im zweiten Feld, also bei **Ablauf B**, läuft der Spieler ebenfalls auf das Kommando des Trainers hin los, der erneut eine der beiden Stangenfarben vorgibt. Der Spieler sprintet zur jeweils aufgerufenen Stangenfarbe und umrundet diese von innen nach außen. Im selben Moment bekommt er von einem Mitspieler, der am Starthütchen steht, einen Pass durch das Stangentor hindurch gespielt, den er kontrollieren und im Anschluss im Tempodribbling bis zum Endhütchen dribbeln muss.

Variation: Die beiden Abläufe werden parallel als kleiner Wettkampf ausgetragen.

Technik

Spiele für grundlegende Fertig- und Fähigkeiten

Technikdruck:

Beim Technikdruck stellen sich immer jeweils zwei Spieler frontal gegenüber voneinander auf, um die Übung gemeinsam auszuführen. Dabei bekommt Spieler A einen Ball, den er Spieler B zuwirft. Im Zuge dessen ruft Spieler A Spieler B unterschiedliche Anweisungen zu, wie zum Beispiel: Kopf, Fang oder Fuß. Spieler B muss die Anweisungen von Spieler A schließlich ausführen. Der Schwierigkeitsgrad dieser Übung wird durch die technischen Anweisungen von Spieler A beeinflusst. Spieler B muss sich dabei durch eine gute Ballkoordination in einer Drucksituation beweisen.

Variation 1: Der Spieler, dem der Ball zugespielt wird, steht abgewandt zum ballwerfenden Spieler und dreht sich erst dann um, wenn ihm Spieler A die jeweiligen Anweisungen gibt.

Variation 2: Alle Spieler stellen sich in einem Kreis auf, um die Übung gemeinsam auszuführen. In der Mitte des Kreises steht der Trainer, um seinen Spielern den Ball im Wechsel zuzuwerfen.

Spiele für grundlegende Fertig- und Fähigkeiten

Der Technik-Pendel:

Für den Technik-Pendel werden zwei 20 x 20 Meter große Spielfelder aufgebaut und jedem Feld acht Spieler zugeordnet, die sich jeweils in zwei Reihen hinter den Grundlinien aufstellen. Dabei bekommt jeweils ein Spieler auf jeder Grundlinie einen Ball. Auf das Kommando des Trainers dribbeln nun die beiden Spieler mit Ball in die Felder und suchen sich einen Mitspieler ohne Ball auf der gegenüberliegenden Seite als Anspieler, dem sie den Ball zuspielen und mit dem sie sowohl Position als auch Aufgaben tauschen.

Variation: Die Spieler dürfen nur mit dem schwachen Fuß spielen.

Vorbereitende und korrigierende Spiele für Minifußball

Dribbelspiel im 2 gegen 2:

Zunächst wird ein 20 x 20 Meter großes Spielfeld abgesteckt, auf dessen rechter Grundlinie ein Tor mit Torhüter sowie zwei weitere, zwei Meter Breite Hütchentore aufgebaut werden. Außerdem werden hinter der den Toren gegenüberliegenden Grundlinie zwei Starthütchen aufgestellt. Vor dem linken Starthütchen wird zudem ein Slalomparcours aus vier Stangen errichtet. Anschließend teilen sich die Spieler in zwei Mannschaften, in ein angreifendes und ein verteidigendes Team, ein, wobei sich die Angreifer mit Bällen an den beiden Starthütchen aufstellen und sich die Verteidiger an den Eckhütchen neben den kleinen Toren positionieren.

Die ersten beiden Spieler an den Starthütchen starten zur selben Zeit ins Feld, wobei der rechte Angreifer, der ohne Slalomparcours in die Übung startet, versucht, im 1 gegen 2 gegen die Verteidiger, die zeitgleich ins Spielfeld laufen, aufs Tor abzuschließen. Parallel dazu startet der linke Startspieler durch den Slalomparcours und versucht anschließend, gemeinsam mit dem zweiten Angreifer, durch eines der Hütchentore zu dribbeln. Sollte es den Verteidigern gelingen, den Ball von den Angreifern zu erobern, können sie über die gegenüberliegende Grundlinie kontern. Die Positionen der Angreifer und Verteidiger werden nach einigen Durchgängen getauscht.

Variation 1: Die Angreifer können sowohl auf das große Tor als auch auf die Hütchentore angreifen.

Variation 2: Es gibt eine Zeitbegrenzung bis zum Torabschluss.

Variation 3: Die Übung kann in Wettkampfform ausgetragen werden. Die Mannschaft, die in jeweils zwölf Durchgängen die meisten Treffer erzielt, gewinnt.

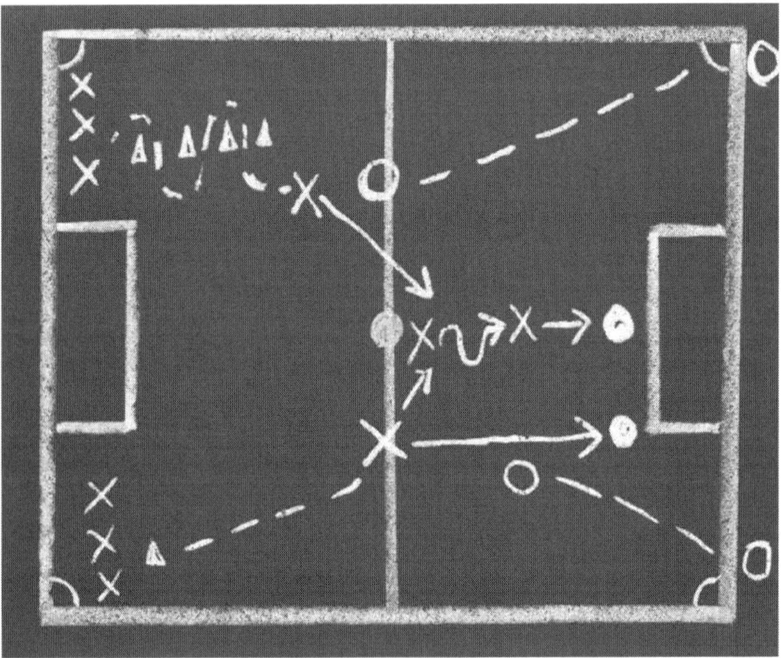

Tipps und Korrekturen:
Beim Dribbelspiel im 2 gegen 2 sollte der Trainer darauf achten, dass die Hütchentore von den Angreifern überdribbelt werden. Als Ansporn kann er für jedes überdribbelte Hütchentor einen Punkt vergeben, wobei Treffer auf das große Tor keine Punkte ergeben. Sobald der zweite Angreifer den Slalomparcours durchdribbelt hat, dürfen die angreifenden Spieler nur noch mit dem Ball des zweiten Angreifers spielen, sodass der erste Angreifer entsprechend entschlossen und schnell aufs Tor abschließen muss. Hierfür kann der Slalomparcours deutlich enger aufgebaut werden, sodass der zweite Angreifer zeitverzögert ins Spielfeld eintritt. Während der Übung sollte neben der Entscheidungsfindung, dem Zweikampf, der Schnelligkeit sowie der Reaktionsschnelligkeit auch auf die Beidfüßigkeit der Spieler geachtet werden.

Mentale Faktoren

Fußballtriathlon im 3 gegen 3

Fußballtriathlon:
Neben dem athletischen Grundgedanken, der sich hinter dem Triathlon verbirgt, eignet sich dieser im 3 gegen 3 auch ideal als Bestandteil für das mentale Coaching, da er nicht nur die Willensstärke der Spieler fördert, sondern auch ihren Teamgeist stärkt. Für den Fußballtriathlon teilen sich die Spieler zunächst in Teams mit jeweils drei Spielern auf. Die einzelnen Teams treten dann im 3 gegen 3 gegeneinander an. Dabei muss jedes Dreierteam drei Disziplinen durchlaufen, die nach Belieben entweder zeitlich versetzt oder zeitgleich durchgeführt werden müssen. Das Team, das am Ende in der Summe die meisten Punkte bzw. die besten Ergebnisse erzielt hat, gewinnt den Fußballtriathlon.

1. Disziplin – 700-Meter-Lauf: Bei der ersten Disziplin müssen sich die Dreierteams in einem 700-Meter-Lauf auf Zeit beweisen. Die Teams laufen auf das Kommando des Trainers los, der beginnt, die Zeit zu stoppen. Haben alle drei Spieler eines Teams die Start-Ziel-Linie überquert, stoppt der Trainer die Zeit erneut und notiert diese.

2. Disziplin – Der Slalomlauf: Für den Slalomlauf wird ein Kreis mit drei gleich großen Hütchentoren abgesteckt. Alle Spieler eines Teams stellen sich jeweils in der Mitte eines Tores mit Ball am Fuß auf. Auf Signal des Trainers müssen die Spieler nun innerhalb von einer Minute versuchen, den Ball so schnell wie möglich durch das Laufen von „Achten“ um die Hütchen zu befördern. Die Anzahl der erlaufenen „Achten“ wird anschließend vom Trainer notiert, um dann den Mittelwert der Ergebnisse des Teams zu ermitteln.

Beispielrechnung:
Dem ersten Spieler gelingt es, die Hütchentore fünfzehnmal zu umrunden. Der zweite Spieler umrundet die Hütchen dreizehnmal und der dritte Spieler siebzehnmal. Das Team hat die Hütchentore in der Summe also 45-mal umrundet, wodurch sich ein Mittelwert von fünfzehn für dieses Team ergibt.

3. Disziplin – 3 gegen 3 auf vier Tore: Bei der dritten Disziplin spielen die Dreierteams auf einem 20 x 20 Meter großen Spielfeld, an dem an jeder Seite ein zehn Meter breites Minitor mit Hütchen abgesteckt wird. Jede Dreiermannschaft greift dabei auf zwei gegenüberstehende Minitore an und verteidigt die beiden übrigen Tore. Landet der Ball im Aus, wird dieser wieder eingedribbelt. Die Gegner müssen dabei einen Abstand von mindestens drei Metern einhalten. Tore können erzielt werden, indem die Spieler über die gegnerische Torlinie dribbeln. Gespielt werden jeweils vier Perioden à drei Minuten mit einer kurzen Pause. Das Team, das am Ende der Zeit die gegnerische Torlinie am häufigsten überdribbelt hat, gewinnt das Spiel.

Auswertung der Ergebnisse:
Nachdem alle Teams den Fußballtriathlon erfolgreich durchlaufen haben, folgt die Auswertung der Ergebnisse. Hierfür kann sich der Trainer an der folgenden Vorgehensweise orientieren:

- Die Zeit für den 700-Meter-Lauf fließt in die **Wertungszeit** ein.
- Der Mittelwert, der sich im **Slalomlauf** ergab, ergibt **eine Zeitgutschrift von fünfzehn Sekunden** und wird von der Wertungszeit **subtrahiert.**
- Jede **überdribbelte Torlinie** ergibt eine **Zeitgutschrift von zehn Sekunden.**

Beispielrechnung:
➔ 700-Meter-Lauf = 3 Minuten
➔ Zeitgutschrift des Slalomlaufs = 15 Sekunden Gutschrift
➔ Zeitgutschrift für die überdribbelten Torlinien = 5 überdribbelte Linien x jeweils 10 Sekunden Zeitgutschrift = 50 Sekunden Gutschrift
➔ Ergebnis = 3 Minuten - 15 Sekunden - 50 Sekunden
➔ Wertungszeit = **1 Minute und 55 Sekunden**

Das Dreierteam, das am Ende des Fußballtriathlons die niedrigste Wertungszeit erreicht hat, gewinnt.

In die folgende Tabelle können die Ergebnisse eingetragen werden:

Team	700-Meter-Lauf	Slalomlauf	3 gegen 3	Wertungszeit	Platzierung

Mentalcoaching

Affirmationen:

Affirmationen gehören zu den bedeutsamsten und gleichzeitig effektivsten Übungen im Mentalcoaching.

Definition: Affirmationen

Grundsätzlich sind **Affirmationen positiv formulierte Sätze,** in denen wir unsere persönliche Einschätzung uns selbst gegenüber in Form von Glaubenssätzen als **Ich-Botschaften** formulieren.

Demnach sind Affirmationen ein **psychologisches Werkzeug**, mit dem wir unsere eigenen Verhaltensweisen auf ein individuell ausgesuchtes Ziel richten können. Die autosuggestiven Sätzen (also Sätze, die das eigene Verhalten steuern) dienen dabei dazu, unser **Unterbewusstsein** mit neuen Informationen zu versorgen und diesem eine **neue Orientierung** zu geben. Im Zuge dessen zielen Affirmationen außerdem darauf ab, negative und festgefahrene Gefühls-, Gedanken- sowie Handlungsmuster durch positive und inspirierende zu ersetzen.

Damit Affirmationen jedoch als mächtiges Werkzeug für die eigene Entwicklung genutzt werden können, müssen die positiv formulierten Sätze immer mit einem **klaren Ziel** verknüpft sein und **über einen längeren Zeitraum**

regelmäßig wiederholt werden, um sich in feste Denkgewohnheiten zu verwandeln und das eigene Leben zum Positiven zu verändern.

Affirmationen sind eine psychologisch äußerst wertvolle Methode für die individuelle Weiterentwicklung sowie zum Erreichen persönlicher Ziele und nehmen deshalb auch im Fußball, insbesondere im Kinderfußball, einen großen Stellenwert ein. Aus diesem Grund sollten Affirmationen fester Bestandteil der Trainingsroutinen sein und zum Beispiel gemeinsam vor einem Spiel wiederholt oder am Ende jeder Trainingseinheit aufgesagt werden. Darüber hinaus sollten die jungen Spieler ihre Affirmationen auch zuhause regelmäßig aufsagen. Hierfür kann jeder entweder seine ganz eigenen individuellen Affirmationen kreieren oder aber das Team kann als Kollektiv gemeinsame Affirmationen aufsagen. Die folgenden positiv formulierten Sätze können dafür als Inspiration dienen:

- „Ich glaube an mich und werde meiner Mannschaft zum Sieg verhelfen."
- „Unser Teamspirit ist einmalig."
- „Ich bin ein absoluter Führungsspieler."
- „Ich bin der beste Stürmer auf dem Spielfeld. Am Sonntag schieße ich das entscheidende Tor."
- „Ich bin der beste Verteidiger. An mir kommt keiner vorbei."
- „Ich habe eine super ausgeprägte Spielintelligenz, mit der ich die Spielzüge meiner Gegner voraussagen, die Räume und Lücken dementsprechend zustellen und dadurch verhindern kann, dass die gegnerische Mannschaft ein Tor erzielt."
- „Ich bin der beste Torwart in der Liga. Ich fange jeden Ball und halte die 0 sicher."
- „Ich bin der beste Freistoßschütze."
- „Ich verwandle jeden Elfmeter."
- „Meine Technik ist super, meine Sicherheit am Ball hoch und mein Passspiel hervorragend."
- „Meine technischen und taktischen Fähigkeiten werden mit jeder Trainingseinheit besser."

Mentalcoaching

Die tiefe Bauchatmung:

Die tiefe Bauchatmung hilft den heranwachsenden Spielern, ihre Ein- und Ausatmung zu beruhigen, diese bewusst zu steuern sowie zu vertiefen. Außerdem trägt sie dazu bei, dass sich Körper und Geist entspannen und jegliche Form von physischer und psychischer Anspannung abfallen kann. Insbesondere in stressigen Situationen, wie in der Halbzeitpause bei einem wichtigen und spannenden Spiel oder nach einem herausfordernden Training, neigen wir dazu, flach in die Brust zu atmen. Im Gegensatz dazu entspricht die tiefe Bauchatmung unserer natürlichen Atmung, die unseren Körper mit mehr Sauerstoff versorgt und diesen somit mit Energie füllt. Die Atemtechnik hilft den Spielern also nicht nur dabei, sich zu beruhigen, sondern sie aktiviert auch den Geist und schenkt neue Energie.

Durchführung:

- Für die tiefe Bauchatmung legen sich die Kinder am besten in Rückenlage hin und legen ihre Hand flach auf ihrem Bauch ab, um den Atem besser zu spüren.
- Nun atmen sie zunächst bewusst aus und beobachten dabei, wie sich ihr Bauch leicht einzieht.
- Anschließend atmen sie langsam und kontrolliert ein und zählen dabei bis zwei.
- Im Zuge dessen sollten die Kinder beobachten, wie sich ihre Bauchdecke beim Einatmen anhebt.
- Abschließend halten sie den Atem für eine Sekunde lang an und lassen diesen wieder ganz langsam entweichen, sodass sich ihre Bauchdecke absenkt.

Die tiefe Bauchatmung kann so oft wie möglich wiederholt werden. In der Regel reicht es aber bereits aus, die Atemtechnik für zwei Minuten auszuführen, um zur Ruhe zu kommen und neue Energie zu tanken.

Taktik/Spielintelligenz

Vereinfachte Spiele im 2 gegen 2 mit anschließenden Korrekturspielen

2 gegen 2 auf Hütchentore:

Für das 2 gegen 2 auf Hütchentore werden zunächst zwei 20 x 20 Meter große Spielfelder aufgebaut. An der oberen und unteren Grundlinie beider Felder werden zudem zwei fünf Meter breite Hütchentore auf jeder Grundlinie aufgestellt. In beiden Feldern finden sich nun jeweils zwei Zweierteams zusammen. Die restlichen Spieler pausieren außerhalb des Spielfeldes.

Anschließend beginnt das freie Spiel in beiden Feldern im 2 gegen 2 auf jeweils zwei Hütchentore. Ziel des ballbesitzenden Teams ist es, durch eines der gegnerischen Hütchentore zu dribbeln. Die Spielzeit beträgt zwei Minuten. Sobald die Zeit abgelaufen ist, wechseln die Teams.

Variation: Die pausierenden Spieler postieren sich an den Außenlinien und fungieren als zusätzliche Anspieler.

Tipps und Korrekturen:
Während des Spiels sollte der Trainer darauf achten, dass die Spieler sowohl die Breite als auch die Tiefe des Spielfeldes vollständig nutzen, wenn sie angreifen. Ziel dieser Übung ist es zudem, bei Offensivaktionen mutig ins 1 gegen 1 zu gehen und im Tempo und mit Präzision über die Hütchentore zu dribbeln.

Test der Spielfähigkeit im Minifußbal

3 gegen 3 auf vier Tore:

Für das 3 gegen 3 auf vier Tore wird zunächst ein 20 x 20 Meter großes Spielfeld abgesteckt, an dessen vier Außenlinien jeweils ein zehn Meter breites Tor markiert wird. Die Spieler teilen sich nun in mehrere Mannschaften à drei Spieler auf, von denen immer zwei Teams gegeneinander spielen, auf jeweils zwei gegenüberliegende Tore angreifen und entsprechend die anderen beiden Tore verteidigen. Tore können nur dann erzielt werden, wenn die gegnerische Torlinie überdribbelt wird. Landet der Ball im Seitenaus, wird der Ball wieder zurück ins Spielfeld eingedribbelt. Bei Seitenaus sowie bei Freistößen müssen die Gegner mindestens drei Meter vom Ball und der Ball muss mindestens drei Meter vom Tor entfernt sein. Gespielt werden insgesamt vier Perioden à drei Minuten.

Test der Spielfähigkeit im Minifußball

Minifußball mit einem zurückhängenden Abwehrspieler:
Um die Spielfähigkeit der Kinder in diesem Minifußballspiel zu testen, wird zunächst ein 25 x 30 Meter großes Spielfeld abgesteckt. Auf jeder äußeren Grundlinie werden zudem zwei zwei Meter breite Tore markiert, zwischen denen ein Mindestabstand von zwölf Metern besteht. Sechs Meter von den beiden äußeren Grundlinien entfernt wird zusätzlich jeweils eine verteidigende Schusszone markiert, in der jeweils ein Spieler jeder Mannschaft verbleiben muss, ohne in das Spiel in der Mittelzone oder der gegnerischen Schusszone eingreifen zu können. Die Spieldauer beträgt insgesamt zweimal fünf Minuten. Tore können entweder durch einen Torschuss aus der Schusszone heraus oder durch ein Überdribbeln der gegnerischen Hütchentorlinie erzielt werden. Der freie Abwehrspieler in der verteidigenden Schusszone wird nach dem erzielten Tor gewechselt.

Variation: Tore dürfen nur dann erzielt werden, wenn die ballbesitzende Mannschaft den Ball so lange in der Mittelzone hält, bis sie einen langen und präzisen Pass aus dem Mittelfeld heraus durch eines der gegnerischen Hütchentore spielen kann.

Stufe 3: ab 10 Jahren

GRUNDLEGENDES

Material

Tore

In der dritten Stufe des Entwicklungsmodells, die in der Regel ab einem Alter von zehn Jahren bzw. mit dem Eintritt in die D-Jugend beginnt, wird die Spielfähigkeit der Spieler im 5 gegen 5 sowie im 7 gegen 7 getestet. Spiele im 5 gegen 5 werden entweder auf **vier Minitoren ohne Torhüter** oder, genau wie Spiele im 7 gegen 7, auf **zwei Kleinfeldtoren plus Torhüter** ausgetragen.

Fußbälle

Ab einem Alter von zehn Jahren empfiehlt es sich, mit Kinderfußbällen in der **Größe 5** zu spielen. Beim **Hallenfußball** (Futsal) wird jedoch ein **spezieller Futsal-Ball** mit reduziertem Sprungverhalten oder ein Ball in der **Größe 4** genutzt.

Ausrüstung

Alle Spieler einer Mannschaft sollten **dieselben Trikots, Hosen und Stutzen** tragen. Im Training kann die Zugehörigkeit zu einem Team jedoch auch durch **passend farbliche Leibchen** zum Ausdruck gebracht werden. Außerdem sollten alle Spieler mit **Schienbeinschonern** spielen.

Beim **Futsal** besteht **Schienbeinschonerpflicht**. Die Feldspieler müssen zudem **dieselbe Ausrüstung** wie beim normalen Fußball tragen, wobei sich der **Torhüter durch andere Kleidung** von den Feldspielern **abheben muss**.

Maße des Spielfeldes

In der Regel werden Spiele im 5 gegen 5 auf einem Spielfeld in den Maßen **26–28 x 20–22 Metern** und Spiele im 7 gegen 7 auf einem Spielfeld in den Maßen **55 x 35 Metern** ausgetragen.

Für den **Hallenfußball** gelten andere Bestimmungen für die Maße des Spielfeldes. Grundsätzlich muss das Spielfeld beim Futsal **rechtwinklig** sein, wobei die Länge die Breite übertreffen muss. Dabei hat das Spielfeld eine **Mindestlänge von 25 Metern und eine Maximallänge von 42 Metern**. Außerdem muss das Spielfeld **mindestens 15 Meter, jedoch maximal 25 Meter, breit** sein. Gespielt wird auf **3 x 2 Meter große Handballtore** mit zwei Viertelkreisen als Strafräume und einer 9-Meter-Strafstoßmarke.

Trainingsdimensionen

Zur Erinnerung:
Die dritte Stufe des Entwicklungsmodells beginnt ab einem Alter von zehn Jahren bzw. mit Eintritt in die D-Jugend und zielt auf die Spielfähigkeit im Fußball im 5 gegen 5 sowie im 7 gegen 7 ab. Hierfür bieten sich verschiedene Spiele an, zu denen

- Spiele für den Minifußball,
- Torwartspiele und Torwart-Dekathlon,
- vereinfachte Spiele im 3 gegen 3 mit anschließenden Korrekturspielen,
- Spiele für grundlegende Fähig- und Fertigkeiten,
- Hallenfußball (Futsal) im 5 gegen 5 und
- der Fußballtriathlon im 4 gegen 4

gehören. Diese Inhalte werden im Folgenden innerhalb der vier Dimensionen zur Förderung von Fußballkönnen erarbeitet.

Athletik

Spiele für grundlegende Fähig- und Fertigkeiten

Pass & Go:

Die Übung „Pass & Go" ist eine klassische Konditionsübung und somit ideal für das Athletiktraining. Hierfür wird zunächst ein Passkreis mit einem Durchmesser von zwölf Metern aufgebaut. Im Anschluss stellen sich sechs Spieler in einem gleichmäßigen Abstand um den Kreis herum auf. Ein Spieler, der Startspieler, bekommt einen Ball. Hinter dem Startspieler stellt sich außerdem noch ein weiterer Spieler auf. Anschließend eröffnet der Startspieler die Übung, indem er einen Pass zu einem seiner Mitspieler spielt und seinem Zuspiel dann direkt hinterhersprintet. Während der Übung hat jeder Spieler maximal zwei Ballkontakte pro Aktion.

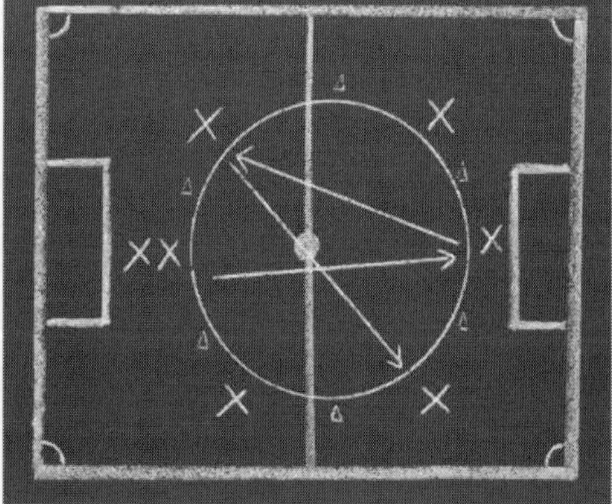

Variation: Die Intensität dieser Übung kann erhöht werden, indem der Durchmesser des Passkreises erweitert und ein zweiter Ball genutzt wird.

Torwart-Dekathlon

Der Torwart-Dekathlon:

Durch zehn verschiedene Disziplinen, die auf jeweils unterschiedliche Schwerpunkte ausgelegt sind, werden beim Torwart-Dekathlon wichtige grundlegende Fertigkeiten des Torhüters geschult. Gibt es in der Mannschaft nicht nur einen, sondern mehrere Torhüter, kann der Dekathlon gerne auch in Form eines kleinen Wettkampfes ausgetragen werden. Die Ergebnisse der einzelnen Disziplinen können dafür notiert und zum Abschluss ausgewertet werden.

Disziplin 1 – Mobilitätstraining:

Bevor sich der Torhüter an fußballspezifische Übungen des Dekathlons herantastet, führt er in der ersten Disziplin drei vorbereitende Mobilitätsübungen durch. Die erste der drei Übungen wird dabei für 60 Sekunden und die anderen beiden werden für jeweils 30 Sekunden ausgeführt. Das Mobilitätstraining umfasst in der Summe drei Runden mit einer Pause von jeweils einer Minute nach der dritten Übung.

Übung 1: Ausfallschritte mit Oberkörperrotation und Ball

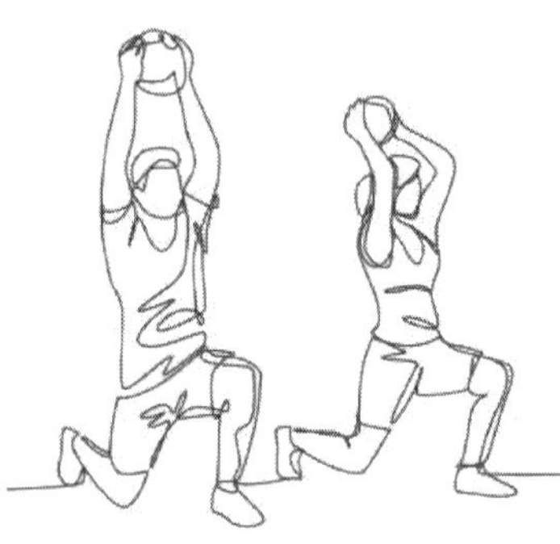

- Der Torhüter nimmt zunächst einen Ball in die Hand, stellt sich aufrecht und gerade hin und streckt anschließend seine Arme und Hände, die den Ball halten, vor seinem Oberkörper aus.
- Anschließend macht der Torwart einen Ausfallschritt mit seinem linken Fuß nach vorne.
- Steht der Keeper in einem stabilen und aufrechten Ausfallschritt, rotiert er seinen Oberkörper um 90 Grad nach rechts, hält seine Arme dabei gestreckt und verweilt für einen Augenblick in dieser Position.
- Im Anschluss löst er die Position langsam und kontrolliert, rotiert seinen Oberkörper in die Ausgangsposition zurück und führt diesen, durch kräftiges Abdrücken des linken Fußes, wieder zurück in einen aufrechten Stand, bevor er die Übung mit seinem rechten Bein wiederholt.

Übung 2: Beinschwingen

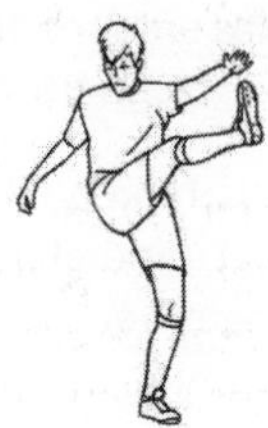

- Für das Beinschwingen geht der Torwart locker auf der Stelle.
- Nun schwingt er sein rechtes Bein in die Richtung seiner linken Hand und sein linkes Bein in die Richtung seiner rechten Hand.

Der Torhüter führt insgesamt zehn Wiederholungen pro Körperseite durch, wobei sein Standbein zu keiner Zeit vollständig durchgedrückt sein sollte und seine Beinachse stets gerade bleibt.

Übung 3: Tiefe Kniebeuge

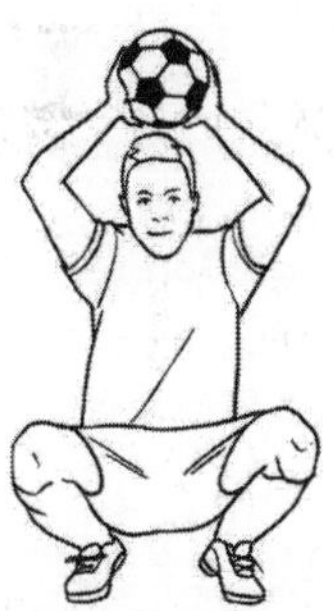

- Für die tiefe Kniebeuge stellt sich der Torhüter aufrecht, gerade, schulterbreit und mit einem Ball in der Hand auf, bevor er seine ausgestreckten Arme vor seinen Oberkörper führt.
- Anschließend kommt der Torwart in die tiefe Hocke und führt im Zuge dessen den Ball, den er immer noch zwischen seinen ausgestreckten Armen hält, über seinen Kopf nach oben und verweilt für etwa 30 Sekunden in dieser Position.

Disziplin 2 – Der 300-Meter-Lauf:
Der 300-Meter-Lauf auf Zeit ist die zweite der zehn Disziplinen des Torwart-Dekathlons. Sobald der Trainer das Startsignal gibt, läuft der Torwart los und versucht, die Strecke von 300 Metern so schnell wie möglich zu absolvieren. Seine Zeit wird gestoppt, sobald er die Ziellinie überquert hat.

Disziplin 3 – Abschlag:
In der Regel kann der Torhüter mit seinem Abschlag heikle Situationen in der eigenen Defensive entschärfen und im Zuge dessen zur selben Zeit einen gefährlichen Konter einleiten. Damit der taktisch sinnvolle Gegenangriff jedoch überhaupt erst gelingen kann, muss der Torhüter den Abschlag regelmäßig üben. Beim Abstoß selbst kommt es dabei weniger auf die Abschlagweite und vielmehr auf die Genauigkeit der Abschläge an. Um die Abschlagpräzision zu üben, werden bei der dritten Disziplin vier gleich große Zielfelder abgesteckt. Der Torhüter stellt sich einige Meter von den Zielfeldern entfernt mit einem Fußball in der Hand auf. Auf Zurufe des Trainers versucht er nun, den Ball in

das entsprechende Zielfeld zu werfen und zu schießen. In der Summe werden fünfzehn Bälle geworfen, geschossen oder per Dropkick gespielt.

Disziplin 4 – Reaktionsschnelligkeit I:
Bei der ersten der beiden Disziplinen zur Schulung der Reaktionsschnelligkeit steht der Torwart dem Tor zugewandt. Sobald das Signal des Trainers ertönt, dreht er sich schnellstmöglich um und versucht, den Ball zu sichern, den ihm der Trainer dabei flach, hoch oder halbhoch, präzise oder unpräzise, scharf oder schwach zuspielt. Der zeitliche Abstand zwischen Schuss und Signal sollte dabei dem individuellen Leistungsniveau des Torhüters angepasst werden. In der Summe spielt der Trainer zwanzig Bälle aufs Tor.

Disziplin 5 – Hohe Bälle:
Um das Abwehren von hohen Bällen zu trainieren, stellt sich der Keeper zu Beginn dieser Übung im Tor auf. In einigen Metern Entfernung positioniert sich außerdem ein Mitspieler vor ihm, der dem Torhüter den Ball zwanzigmal entweder hoch oder halbhoch zuschießt oder ihm diesen zuwirft. Aufgabe des Torwarts ist es dabei, den Ball entweder über das Tor zu pritschen oder ihn durch leichte Berührungen über das Tor zu lenken.

Variation 1: Der Mitspieler vergrößert die Entfernung zum Torhüter.

Variation 2: Der Mitspieler schießt per Torschuss aufs Tor und erhöht somit die Geschwindigkeit des Balls.

Disziplin 6 – Der Richtungswechsel:
Die sechste Disziplin zielt auf die Schulung des schnellen Richtungswechsels ab. Für die Übung werden zunächst zwei Hütchen hintereinander vor der Torlinie positioniert. Der Torhüter stellt sich auf der Torlinie und ein weiterer Spieler mit Ball auf der Höhe des Elfmeterpunktes auf. Auf das Signal des Trainers beginnt der Torhüter damit, die Hütchen zu umkreisen, wobei er seinen Blick jedoch immer wieder auf den vor ihn liegenden Ball richtet. Sobald der Torwart beide Hütchen umrundet hat, schließt der Spieler auf Höhe des Elfmeterpunktes aufs Tor ab. Aufgabe des Torwarts ist es hingegen, den Ball erfolgreich zu parieren.

Variation 1: Der Torhüter umkreist drei oder vier Hütchen.

Variation 2: Der Torhüter umkreist die Hütchen gegen den Uhrzeigersinn.

Variation 3: Der Torhüter umkreist die Hütchen erst im und anschließend gegen den Uhrzeigersinn.

Disziplin 7 – Reaktionsschnelligkeit II:
Die zweite Übung zur Reaktionsschnelligkeit ist eine Billardübung, bei der sich der Torhüter zunächst im Tor aufstellt. Einige Meter vor ihm werden zwei Ballreihen mit zahlreichen Fußbällen auf dem Rasen platziert, hinter denen sich der Trainer aufstellt, um den ersten Ball der Reihe aufs Tor zu schießen. Der Ball des Trainers fliegt dabei entweder direkt aufs Tor oder stößt einen anderen Ball aus der Ballreihe an, der dann in Torrichtung weitergeleitet wird. Aufgabe des Keepers ist es hierbei, zu erkennen, welcher Ball aufs Tor fliegt, und sämtliche Bälle, die aufs Tor kommen, zu parieren. Der Durchgang ist beendet, sobald der Trainer alle Bälle aufs Tor geschossen hat.

Variation: Der Torwart dreht dem Trainer seinen Rücken zu und dreht sich erst auf dessen Kommando um.

Disziplin 8 – Das Blocken:
Für das Blocken wird vor dem Tor eine Hütchenreihe aus vier unterschiedlich farbigen Hütchen aufgebaut, wobei auf jedem einzelnen Hütchen ein Ball aufliegt. Der Torhüter stellt sich etwa einen halben Meter hinter der Hütchenreihe, kurz vor der Torlinie, beweglich auf. Gegenüber vom Torhüter, auf der anderen Seite der Hütchenreihe, stellt sich der Trainer etwa einen bis zwei Meter vor den Hütchen auf. Im Anschluss läuft der Trainer auf ein Hütchen in der Reihe zu und holt im Lauf zum Schuss aus, ohne jedoch tatsächlich aufs Tor zu schießen. Aufgabe des Keepers ist es dabei, die Angriffsposition des Trainers zu erkennen und am jeweils ausgewählten Hütchen einen Block auszuführen. Nach dem ersten Anlauf kommen beide zurück in die Ausgangsposition und wiederholen den Ablauf. Pro Durchgang sollten drei Hütchen angelaufen werden. Nach insgesamt drei Durchgängen wird dann zur nächsten Disziplin gewechselt.

Variation: Der Trainer läuft den Ball nicht nur an, sondern schießt tatsächlich aufs Tor.

Disziplin 9 – Der Doppelsprung:
Für den Doppelsprung startet der Keeper am rechten Torpfosten und bewegt sich auf ein Hütchen zu, das nur wenige Meter vor ihm positioniert ist. Dieses Hütchen berührt er mit seiner Hand und läuft dann wieder rückwärts zur Torlinie zurück. Während der Torhüter das Hütchen berührt, wirft ihm einer seiner Mitspieler einen Ball in den Lauf, den der Torwart sicher im Sprung fangen muss. Hat der Torwart den Ball gesichert, wirft er diesen zurück zu seinem Mitspieler, der den Ball im Anschluss lang und hoch in die lange Ecke des Tores wirft. Aufgabe des Torhüters ist es nun, auch diesen zweiten Ball zu parieren. Hat der Keeper auch den zweiten Ball erfolgreich gehalten, läuft er (mit dem Ball in der Hand) zu seiner Ausgangsposition zurück und wirft den

Ball erneut seinem Mitspieler zu. Anschließend beginnt der zweite von insgesamt zehn Durchgängen.

Disziplin 10 – Das Ballmagazin:
In der letzten der zehn Disziplinen muss sich der Torhüter im Ballmagazin beweisen. Hierfür stellt er sich im Tor auf. Auf der linken Seite werden fünf Bälle neben dem Tor platziert und auf der Höhe des Elfmeterpunktes stellt sich ein zweiter Spieler auf. Auf das Signal des Trainers läuft der Torwart nun zum ersten Ball in der Ballreihe und passt diesen zu seinem Anspieler, der das Zuspiel direkt in die rechte Ecke des Tores spielt. Aufgabe des Torwarts ist es nun, nach seinem Zuspiel schnellstmöglich in die andere Ecke des Tores zu sprinten, um den direkten Torschuss von seinem Mitspieler zu parieren.

Hat der Torwart den ersten Ball abgewehrt, läuft er direkt zum zweiten Ball und beginnt damit einen neuen Durchgang. Wurden alle fünf Bälle gespielt, macht der Keeper eine Pause. Insgesamt werden drei bis fünf Durchgänge absolviert.

Der Schwierigkeitsgrad der Übung, also der direkte Abschluss inklusive Schussstärke des Mitspielers, sollte sukzessiv gesteigert werden.

Variation 1: Das Ballmagazin wird mit noch mehr Bällen gespielt.

Variation 2: Die Ballreihe wird auf der rechten Seite neben dem Tor aufgebaut und der Ball ins linke Eck geschossen.

Variation 3: Nachdem der Mitspieler aufs Tor abgeschlossen hat, muss der Torwart den Ball fangen und diesen zum Zuspieler zurückspielen, der anschließend direkt aufs Tor schießt.

Schnelligkeit, Beweglichkeit & Reaktionsschnelligkeit

Up & Down:
Für die Übung „Up & Down" werden zunächst zwei Starthütchen auf den Boden gelegt. Vor jedem Starthütchen werden anschließend zwei oberschenkelhohe Hürden in einem variablen Abstand hintereinander aufgestellt und zehn Meter von der zweiten Hürde entfernt wird eine Ziellinie markiert, an der sich der Trainer positioniert. Die Spieler teilen sich nun gleichmäßig an den Starthütchen auf und blicken zum Trainer. Dieser breitet beide Arme waagerecht nach links und nach rechts aus. Sobald der Trainer seine Arme senkt oder diese anhebt, starten die ersten beiden Spieler in die Übung. Wenn der Trainer seine Arme anhebt, müssen beide Spieler über die Hürden springen und anschließend über die Ziellinie sprinten. Senkt der Trainer seine Arme jedoch, müssen die Spieler unter den Hürden durchkrabbeln und dann über die Ziellinie sprinten.

Technik

Torwartspiele

Rückpass, Ballannahme und Abspiel:

Als Spielfeldbegrenzung für diese Torwartübung wird der Strafraum eines Erwachsenenspielfeldes genutzt. An beiden Strafraumenden wird ein Minitor positioniert und außerhalb der Strafraumgrenze werden vier Hütchenstationen auf dem Boden aufgebaut. An diesen vier Hütchenstationen stellt sich nun jeweils ein Spieler mit Ball auf. Außerdem bringt sich der Torhüter vor der Torlinie in Stellung und gibt den einzelnen Spielern an den Hütchenstationen jeweils ein Zeichen, wer einen Pass zu ihm spielen und damit die Übung beginnen soll.

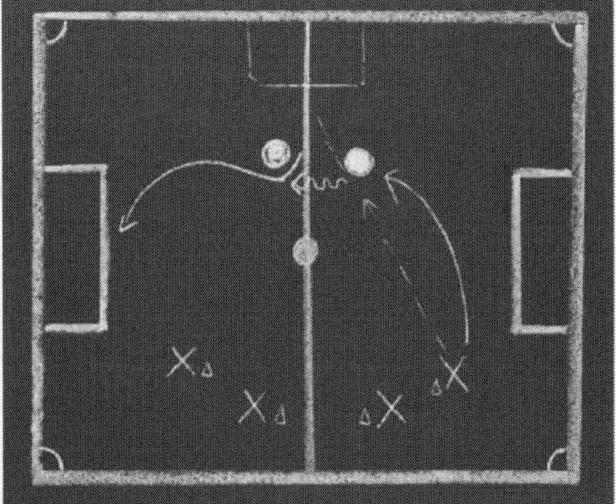

Der Spieler, der vom Torhüter ein Zeichen bekommen hat, zum Beispiel der Spieler am rechten äußeren Hütchen (Spieler 4), passt den Ball also zum Torwart. Nachdem Spieler 4 den Pass zum Torhüter gespielt hat, folgt er seinem Zuspiel und wird damit zum Gegenspieler des Keepers, auf den er Druck ausübt. Aufgabe des Torhüters ist es wiederum, nach dem Pass von Spieler 4 aktiv auf den Ball zuzugehen und diesen kontrolliert anzunehmen. Im Zuge dessen muss er seinen Körper hinter den Ball bringen und diesen mit nur einem Kontakt so an- und mitnehmen, dass er nicht vom Boden springt. Nachdem der Torwart den Ball erfolgreich sichern konnte, spielt der Keeper einen kontrollierten Pass zum spielerentfernten Tor. Spielen also Spieler 1 oder Spieler 2 (linke Seite) einen Pass, passt der Torwart zum rechten Minitor. Spielen Spieler 3 und Spieler 4 (rechte Seite) einen Pass, passt der Torwart zum linken Minitor.

Variation 1: Die Rückpässe, die die Spieler zum Torhüter spielen, werden von diesem variiert: hoch, halbhoch, flach, halbhoch, scharf, unscharf, präzise, unpräzise.

Variation 2: An der Mittellinie wird eine zusätzliche Anspielstation aufgebaut, sodass der Keeper lange Abschläge unter gegnerischem Druck simulieren kann.

Spiele für den Minifußball

5 gegen 5 mit Torschusswettbewerb

Für den Torschusswettbewerb im 5 gegen 5 wird zu Beginn ein 15 x 15 Meter großes Spielfeld abgesteckt, das nochmals in ein 15 x 9 Meter großes Feld auf der linken Seite und ein 15 x 6 Meter großes Feld auf der rechten Seite unterteilt wird. Im großen Feld auf der linken Seite werden zusätzlich auf beiden Grundlinien Minitore positioniert. Im kleinen Feld auf der rechten Seite werden außerdem an der oberen Grundlinie ein Minitor aufgestellt und in der Mitte eine Torschusslinie markiert.

Im Anschluss teilen sich die Spieler in zwei Fünferteams und ein Viererteam auf. Im großen Feld wird nun im 5 gegen 5 ohne Torwart auf zwei Minitore im freien Spiel gespielt. Sobald der Ball im Seitenaus landet, wird er durch einen Einwurf wieder zurück ins Spiel gebracht.

Im kleinen Spielfeld treten die Spieler des dritten Teams in einem Torschusswettbewerb gegeneinander an. Hierfür dribbeln die Spieler jeweils mit Ball von der unteren Grundlinie zur Torschusslinie und schließen dann aufs Minitor ab. Anschließend holen sie ihren Ball und dribbeln außerhalb des Feldes zur Grundlinie zurück.

Die Spielzeit in beiden Feldern beträgt vier Minuten. Sobald die Zeit abgelaufen ist, wird gewechselt. Sollte es die Spielerzahl zulassen, können sich die Teams direkt in drei Mannschaften à fünf Spieler einteilen, sodass immer jeweils zwei Teams gegeneinander spielen und das andere Team entweder pausiert oder im 2 gegen 2 mit einem Auswechselspieler im kleinen Feld gegeneinander spielt.

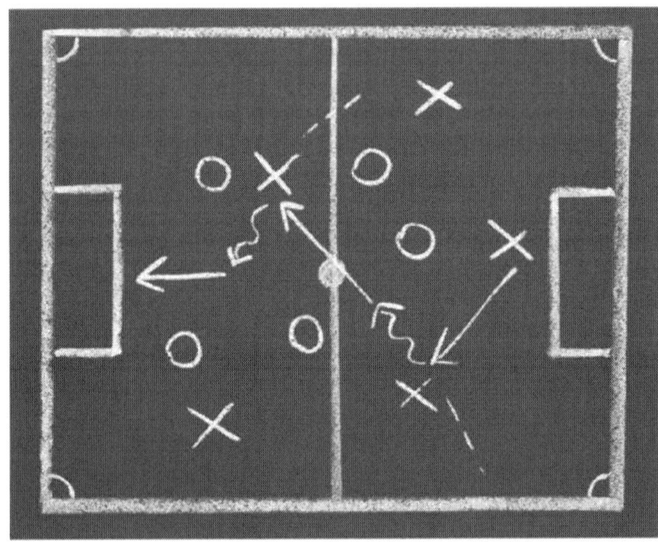

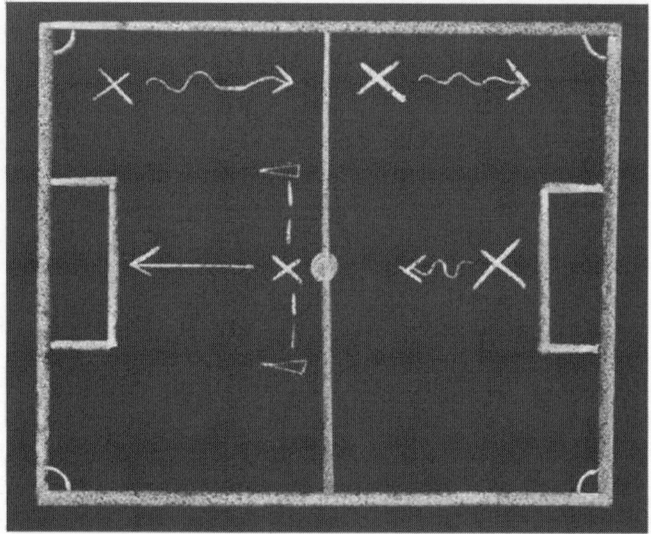

Variation 1: Der Minifußball wird mit Torhütern in allen Feldern gespielt.

Variation 2: Beim Torschusswettbewerb im kleinen Spielfeld darf nur mit dem schwachen Fuß geschossen und gedribbelt werden.

Variation 3: Das Team, das jeweils pausiert, spielt im kleinen Spielfeld im 2 gegen 2 gegeneinander.

Spiele für den Minifußball

7 gegen 7 mit Zone:

Für das zweite Minifußballspiel wird ein 32 x 20 Meter großes Spielfeld mit zwei Toren aufgebaut. Vor beiden Toren wird zudem eine sechs Meter breite und drei Meter lange Zone abgesteckt. Anschließend teilen sich die Spieler in zwei Teams à sieben Spieler plus Torwart auf, die dann im freien Spiel gegeneinander spielen. Erzielt eine Mannschaft außerhalb der gegnerischen Zone bzw. ohne vorheriges Zuspiel in die gegnerische Zone ein Tor, zählt dieses einfach. Erzielt eine Mannschaft ein Tor nach einem Zuspiel in die abgesteckte gegnerische Zone und verlässt diese dabei nicht mehr, zählt das Tor doppelt. Die Spielzeit beträgt insgesamt zehn Minuten.

Variation 1: Die Spieler müssen den Ball zwingend in die Zone spielen.

Variation 2: Wurde der Ball einmal in die Zone gespielt, darf er nicht mehr aus dieser herausgespielt werden.

Mentale Faktoren

Triathlon im 4 gegen 4

Neben dem athletischen Grundgedanken des Triathlons eignet sich dieser auch im 4 gegen 4 zum mentalen Training hervorragend, da er nicht nur die Willensstärke der Spieler fördert, sondern auch ihren Teamgeist stärkt.Für den Fußballtriathlon teilen sich die Spieler zunächst in Teams à vier Spieler auf und treten im Anschluss im 4 gegen 4 gegeneinander an. Jedes Viererteam muss dabei drei Disziplinen durchlaufen, die nach Belieben entweder zeitlich versetzt oder zeitgleich durchgeführt werden. Das Team, das nach Abschluss des Fußballtriathlons in der Summe die meisten Punkte bzw. die besten Ergebnisse erzielt hat, gewinnt den Fußballtriathlon.

1. Disziplin – 800-Meter-Lauf:

Die erste der drei Disziplinen ist ein 800-Meter-Lauf auf Zeit. Auf das Kommando des Trainers laufen die jeweiligen Teams los. Die Zeit wird erst dann gestoppt, wenn alle vier Spieler eines Teams die Start-Ziel-Linie überquert haben. Im Anschluss notiert der Trainer die Zeit, die die Teams für die Strecke von 800 Metern gebraucht haben.

2. Disziplin – Das 4-Zonen-Dribbling:

Für das 4-Zonen-Dribbling wird zunächst ein 25 x 20 Meter großes Spielfeld markiert, in dem in jeder Ecke eine gleich große Zone abgesteckt wird. Im Feld spielen immer zwei Teams im 4 gegen 4 auf die jeweiligen Eckzonen, wobei sie den Ball in die einzelnen Zonen dribbeln müssen, um einen Punkt zu bekommen. Jede erdribbelte Zone ergibt dabei einen Punkt. Gespielt wird insgesamt sieben Minuten lang.

3. Disziplin – Das Abschlussspiel im 4 gegen 4:

Die letzte Disziplin im Triathlon ist ein Abschlussspiel im 4 gegen 4 auf Minitore. Dafür wird zunächst ein 10 x 10 Meter großes Spielfeld abgesteckt, auf dessen vorderer sowie hinterer Grundlinie jeweils zwei Minitore positioniert werden. Jedes erzielte Tor ergibt einen Punkt, das nach Ablauf der Spielzeit von zehn Minuten in die Ergebnisauswertung einfließt.

Auswertung der Ergebnisse:
Nachdem der Fußballtriathlon im 4 gegen 4 erfolgreich durchlaufen wurde, werden die Ergebnisse ausgewertet. Hierfür kann sich der Trainer an der folgenden Vorgehensweise orientieren:

- Die Zeit für den 800-Meter-Lauf fließt in die **Wertungszeit** ein
- Jedes **Tor** des **4-Zonen-Dribblings** ergibt eine **Zeitgutschrift von fünf Sekunden**
- Jedes **Tor** des **Abschlussspiels** ergibt eine **Zeitgutschrift von zehn Sekunden**

Beispielrechnung:

➔ 800-Meter-Lauf = 3 Minuten

➔ Zeitgutschrift des 4-Zonen-Dribblings = 5 erdribbelte Zonen x jeweils 5 Sekunden Zeitgutschrift = 25 Sekunden Gutschrift

➔ Zeitgutschrift des Abschlussspiels = 5 Tore x jeweils 10 Sekunden Zeitgutschrift = 50 Sekunden Gutschrift

➔ Ergebnis = 3 Minuten - 25 Sekunden - 50 Sekunden

➔ Wertungszeit = **1 Minute und 45 Sekunden**

Das Viererteam, das am Ende des Fußballtriathlons die niedrigste Wertungszeit erreicht hat, gewinnt.

In die folgende Tabelle können die Ergebnisse eingetragen werden:

Team	**Lauf**	**4-Zonen-Dribbling**	**Abschlussspiel**	**Wertungszeit**	**Platzierung**

Mentalcoaching

Kopfkino:

Sobald der Stress der vergangenen Trainingseinheiten und die Aufregung und Anspannung des letzten Spiels so langsam verflogen sind und sich die Spieler mental schon wieder auf die nächsten Trainingseinheiten und Punktspiele einstellen, können positive Erinnerungen und Erfahrungen hervorragend vor dem Schlafengehen in Form eines Kopfkinos vor dem inneren Auge abgespielt werden. Die Gestaltung des Films obliegt dabei ganz dem Spieler selbst, den er nach seinen eigenen Erinnerungen und individuellen Wünschen mit Leben füllen kann. So kann der eigene Kinofilm zum Beispiel von Traumtoren, einem taktisch einwandfreien Angriffszug, einem verwandelten Elfmeter, dem Gewinn eines Zweikampfes, dem Lob vom Trainer oder dem gemeinsamen Jubeln mit der gesamten Mannschaft handeln.

Durch das erneute Durchleben sowie das Wiederbeleben vergangener positiver Erinnerungen zielt das visualisierende Kopfkino darauf ab, zu entspannen, loszulassen, Ängste und Zweifel zu reduzieren und den heranwachsenden Spielern den Rücken zu stärken sowie sie dazu zu ermutigen, neue Herausforderungen anzunehmen. Darüber hinaus verfestigen sich die positiven Erlebnisse in den Köpfen der Spieler, da sie diese immer wieder aufs Neue gedanklich aufleben lassen können. Nicht zuletzt schult das Kopfkino außerdem die kindliche Vorstellungskraft und Fantasie, was den Spielern auf dem Feld bei schnelleren Umschaltaktionen hilft und sie beim besseren Erkennen potenzieller Konsequenzen eigener Aktionen und Handlungen unterstützt.

Mentalcoaching

Naka-Naka:

Die Übung „Naka-Naka" ist eine Konzentrationsübung für junge Spieler, die das Mentalcoaching mit jeder Menge Spaß kombiniert. Hierfür stellen sich die Spieler in einem Kreis um den Trainer herum auf, der einen Ball in die Hand nimmt und diesen den Spielern immer im Wechsel zuwirft. Während er den Ball wirft, ruft er den Spielern verschiedene Anweisungen zu, wobei die Kinder immer das Gegenteil seiner Anweisungen ausführen müssen. Ruft der Trainer also zum Beispiel „Fangen", muss der angeworfene Spieler den Ball zum Coach zurückköpfen. Ruft der Trainer aber beispielsweise „Köpfen", fängt der angeworfene Kicker den Ball und wirft ihn anschließend zurück.

Um den Schwierigkeitsgrad dieser Konzentrationsübung zu erhöhen, kann der Trainer anstatt direkter Anweisungen auch Zahlen ausrufen, die jeweils eine bestimmte Aktion repräsentieren, z. B. eins für Fangen oder zwei für Köpfen.

Außerdem kann die Übung in Form eines Wettkampfes ausgetragen werden, in dem immer der Spieler, der einen Fehler macht, ausscheidet. Das Kind, das als Letztes übrig ist, ist der neue Naka-Naka-König.

Taktik/Spielintelligenz

Vereinfachte Spiele im 3 gegen 3 mit anschließenden Korrekturspielen

3 gegen 3 im Kreis:
Für das 3 gegen 3 im Kreis wird zunächst ein kreisrundes Feld mit einem Durchmesser von fünfzehn Metern abgesteckt, auf dessen Außenlinien ringsherum vier Minitore, auf den Positionen 2, 5, 7 und 10 Uhr, positioniert werden. Anschließend teilen sich die Spieler in zwei Mannschaften à drei Spieler auf und verteilen sich im Spielfeld. Jedes Team hat zusätzlich einen Auswechselspieler, der außerhalb des Feldes auf seine Einwechselung wartet. Jede Mannschaft greift auf jeweils zwei Minitore an und verteidigt zur selben Zeit die anderen beiden Minitore. Die Spielzeit beträgt insgesamt acht Minuten.

Variation: Der Auswechselspieler wird nach jedem Treffer eingewechselt.

Tipps und Korrekturen:
Im Kinderfußball bieten kleinere Spielformen mit weniger Spielern zahlreiche Vorteile, da die Spieler viel mehr Aktionen am Ball, mehr Ballkontakte, mehr Spielspaß und zahlreiche kleine Erfolgserlebnisse haben. Dabei können die spielerischen Formen in unterschiedlichen Varianten und Feldformen (z. B. Kreis, Quadrat, Rechteck) ausgestaltet werden. Wichtig ist jedoch, dass die Spieler bei jeder Spielvariante unterschiedliche Bewegungserfahrungen sammeln können und alle Spieler der Mannschaft gleichermaßen am Spiel beteiligt werden.

Während des Spiels sollte der Trainer besonderes Augenmerk darauf legen, dass seine Spieler die Kombination aus Dribbeln und Schießen zeigen und beidfüßig spielen. Grundsätzlich sollte für das freie Spiel dabei immer ausreichend Zeit eingeplant und abwechselnd mit sowie ohne Torhüter gespielt werden. Sobald der Ball ins Seitenaus rollt, wird er wieder ins Feld eingedribbelt. Bei vielen Spielern sollten zudem mehrere Spielfelder aufgebaut werden.

Vereinfachte Spiele im 3 gegen 3 mit anschließenden Korrekturspielen

3 gegen 3 auf Dribbeltore:

Für das Spiel im 3 gegen 3 auf Dribbeltore wird zunächst ein 20 x 15 Meter großes Spielfeld aufgebaut, an dessen oberer und unterer Grundlinie jeweils zwei zwei Meter große Dribbeltore abgesteckt werden. Etwa zwei Meter hinter beiden Grundlinien wird zudem jeweils ein Hütchen positioniert, das als Startpunkt fungiert. Anschließend teilen sich die Spieler in Teams à drei Spieler auf. Spieler A des ersten Teams stellt sich nun am Starthütchen der oberen Grundlinie auf. Spieler B des ersten Teams positioniert sich etwa zwei Meter hinter der Mittellinie und Spieler C des ersten Teams auf der unteren Grundlinie. Spieler A des zweiten Teams positioniert sich am Starthütchen der unteren Grundlinie, Spieler B des zweiten Teams etwa zwei Meter vor der Mittellinie und Spieler C des zweiten Teams auf der oberen Grundlinie.
Der Trainer stellt sich hingegen mit Ball außerhalb des Feldes, auf Höhe der Mittellinie, auf. Er beginnt die Übung, indem er den Ball entweder Spieler C des ersten Teams oder Spieler C des zweiten Teams zupasst. Das Team des Spielers, der den Ball bekommt, greift zuerst an. Spielt der Trainer den Ball also zu Spieler C des zweiten Teams (obere Grundlinie), ist das zweite Team zuerst das angreifende Team und das erste Team das verteidigende. Nachdem der Pass des Trainers erfolgt ist, spielt der Angreifer (Spieler C) gemeinsam mit seinen Mitspielern auf die jeweils gegenüberliegenden Dribbeltore. Sollte das verteidigende Team dabei den Ball erobern, kann es auf die anderen beiden Dribbeltore kontern.

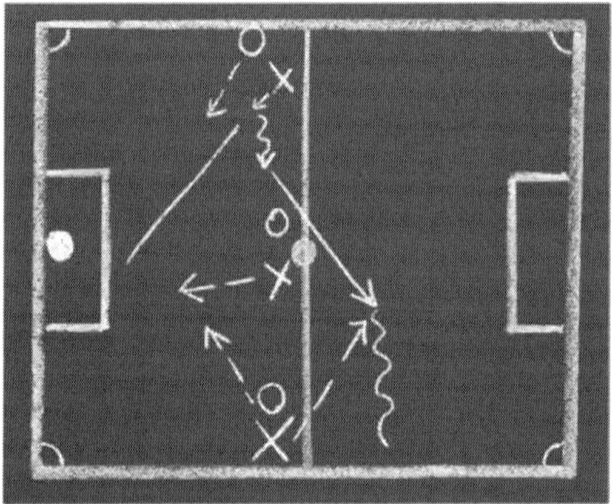

Tipps und Korrekturen:
Wichtig beim 3 gegen 3 auf Dribbeltore ist in erster Linie, dass den Spielern verschiedene Bewegungserfahrungen vermittelt werden und dass alle Spieler des Teams am Spiel beteiligt werden.

Während der Übung sollte der Trainer sichergehen, dass seine Spieler ihren Blick nach oben richten, Laufwege anzeigen, unter- und miteinander kommunizieren, in die Freiräume starten, beidfüßig spielen und eine Kombination aus Dribbeln und Passen nutzen. Darüber hinaus sollte der Trainer das jeweils angreifende Team darauf hinweisen, dass dieses, aufgrund des verzögerten Startens der am Starthütchen wartenden Verteidiger, ihr temporäres Überzahlspiel ausnutzt und nach Möglichkeit schnell vertikal spielen sollte. Im Gegensatz dazu sollte er die verteidigende Mannschaft darauf hinweisen, das Spiel eng zu machen und die angreifenden Spieler auf beiden Seiten des Spielfeldes tief zu besetzen.

Hallenfußball (Futsal) im 5 gegen 5

Futsal mit mehreren Bällen

Die Spieler teilen sich zunächst in zwei Mannschaften mit jeweils vier Feldspielern und einem Torhüter auf. Beide Teams spielen anschließend im freien Spiel im 5 gegen 5 für zehn Minuten gegeneinander. An beiden Seitenlinien stellt sich außerdem jeweils ein weiterer Spieler mit Ball auf, der einen beliebigen Spieler beider Teams jederzeit anspielen darf. Spielt einer der beiden Spieler an den Seitenlinien einen Pass zu einem Spieler im Feld, wird der Ball, mit dem zuvor im Feld gespielt wurde, ignoriert, sodass sich im Spiel eine ganz neue Spielsituation ergibt, die eine schnelle Reaktion beider Mannschaften erfordert.

Variation 1: Jeder Feldspieler hat maximal drei Ballkontakte.

Variation 2: Die Teams spielen mit mehreren Bällen im Feld.

Stufe 4: ab 13 Jahren

GRUNDLEGENDES

Material

Tore

Offiziell wird ab der C-Jugend auf einem kompletten Fußballfeld mit Großfeldtoren gespielt, wobei das offizielle Regelwerk des Fußballweltverbandes FIFA (Fédération Internationale de Football Association) nach Toren mit einer **Breite von 7,32 Metern** und einer **Höhe von 2,44 Metern** verlangt. Die Torhöhe wird dabei vom Boden bis zur Unterkante der Torlatte gemessen, wohingegen sich die Breite auf den Abstand zwischen den Innenseiten beider Torpfosten bezieht.

Fußbälle

Ab einem Alter von dreizehn Jahren empfiehlt es sich, mit einem normalen Fußball in der **Größe 5** zu spielen.

Ausrüstung

Alle Spieler einer Mannschaft sollten **dieselben Trikots, Hosen und Stutzen** tragen. Im Training kann die Zugehörigkeit zu einem Team jedoch auch durch **passend farbliche Leibchen** zum Ausdruck gebracht werden. Außerdem sollten alle Spieler mit **Schienbeinschonern** spielen.

Maße des Spielfeldes

Für die vierte Stufe des Entwicklungsmodells, die in der Regel ab einem Alter von dreizehn Jahren bzw. mit dem Eintritt in die C-Jugend beginnt, bieten sich jegliche Spiele zum Test der Spielfähigkeit im 8 gegen 8 an. Da ab der C-Jugend auf einem kompletten Fußballfeld mit Großfeldtoren gespielt wird, hat der DFB (Deutscher Fußball-Bund e. V.) Spielfeldmaße von mindestens **100 x 64 Metern bis höchstens 110 x 75 Metern als Standardmaß** festgelegt, wobei die Standardgröße in der Regel **105 x 68 Meter** beträgt.

TRAININGSDIMENSIONEN

Zur Erinnerung:
Die erste Stufe des Entwicklungsmodells beginnt ab einem Alter von dreizehn Jahren bzw. mit Eintritt in die C-Jugend und zielt auf die Spielfähigkeit im Fußball im 8 gegen 8 ab. Hierfür bieten sich verschiedene Spiele an, zu denen

- Spiele im 7 gegen 7,
- der Test der Spielfähigkeit für Fußball im 8 gegen 8,
- das Programm für das Verständnis von Angriffsaktionen,
- das Programm für das Verständnis von Abwehraktionen,
- vereinfachte Spiele im 4 gegen 4 und im 5 gegen 5 mit anschließenden Korrekturspielen,
- der Fußballtriathlon im 6 gegen 6 und
- die Grundfitness

gehören. Diese Inhalte werden im Folgenden innerhalb der vier Dimensionen zur Förderung von Fußballkönnen erarbeitet.

Athletik

Grundfitness

Stabilisierungsprogramm für Anfänger:

Das Stabilisierungsprogramm für Anfänger setzt sich aus sechs unterschiedlichen Übungen zusammen, die alle hintereinander ausgeführt werden. Zwischen den einzelnen Übungen sollte jeweils eine Pause von 20 bis 30 Sekunden gemacht werden.

Übung 1 – Stabilisierung für Schultern, Rücken und Gesäß:

- Die Kinder legen sich mit gestreckten Beinen in Bauchlage auf die Matte, drücken dabei ihre Fußspitzen in den Boden, blicken nach unten, winkeln ihre Arme an und führen ihre Ellenbogen gleichzeitig nach außen.
- Anschließend heben sie ihre angewinkelten Arme leicht vom Boden ab und strecken diese nach vorne aus.

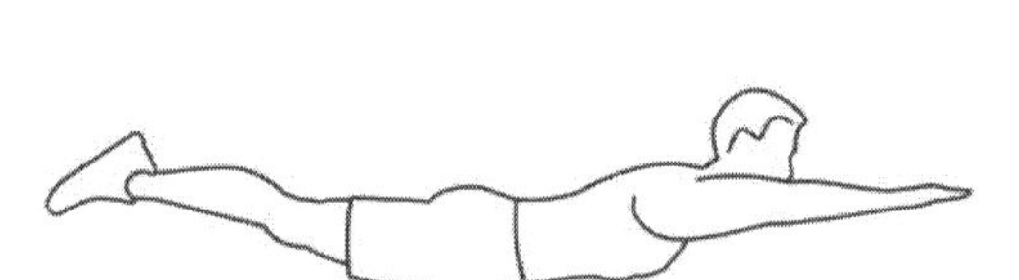

Die Übung wird insgesamt dreimal für fünfzehn Sekunden wiederholt.

Übung 2 – Stabilisierung für Schultern, Beine und Rumpf:

- Die Spieler kommen im Unterarmstütz, mit dem Bauch auf der Matte, in Position.
- Die Beine werden ausgestreckt und die Fußspitzen aufgesetzt.
- Anschließend heben die Kinder ihre Hüfte so weit an, bis ihr gesamter Körper gestreckt ist. Dabei ziehen sie außerdem ihren Bauchnabel ein.

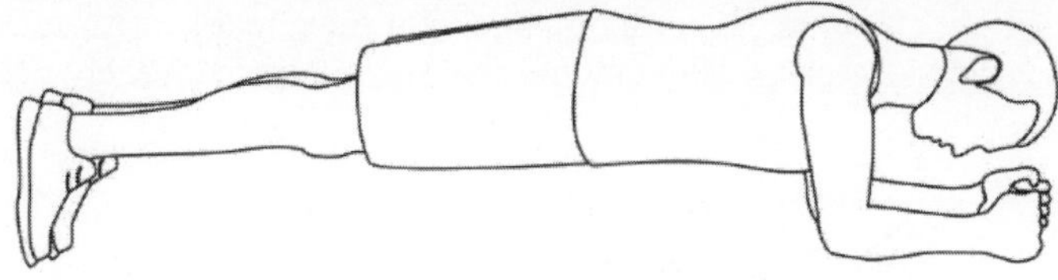

Die Übung wird insgesamt dreimal für fünfzehn Sekunden wiederholt.

Übung 3 – Stabilisierung für Beine, Hüften und Rumpf:

- Die Spieler kommen in Seitenlage auf die Matte, wobei sie ihren Kopf auf ihrem gestreckten unteren Arm ablegen.
- Ihr oberer Arm wird vor dem Körper abgestützt.
- Das obenliegende Bein wird zudem um 90 Grad und das untenliegende Bein nur leicht angewinkelt.
- Außerdem sind Bauch und Gesäß fest angespannt.
- Anschließend heben die Spieler ihr oberes Bein ruhig und kontrolliert an, halten die Position für einen Moment und senken ihr Bein dann wieder ab.

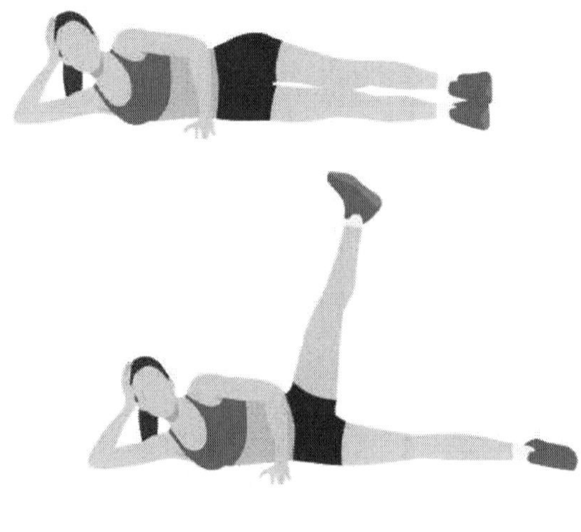

Pro Seite werden insgesamt vier Durchgänge à zwanzig Sekunden durchgeführt.

Übung 4 – Stabilisierung für Rücken, Oberschenkelrückseite und Gesäß:

- Die Spieler kommen in Rückenlage auf die Matte.
- Ihre Beine werden angewinkelt und die Füße ausschließlich mit den Fersen aufgesetzt.
- Ihre Arme legen die Kinder seitlich neben ihrem Körper ab, wobei die Handflächen nach oben zeigen.
- Anschließend heben die Kinder ihr Becken so weit nach oben, dass ihre Hüften gestreckt sind.

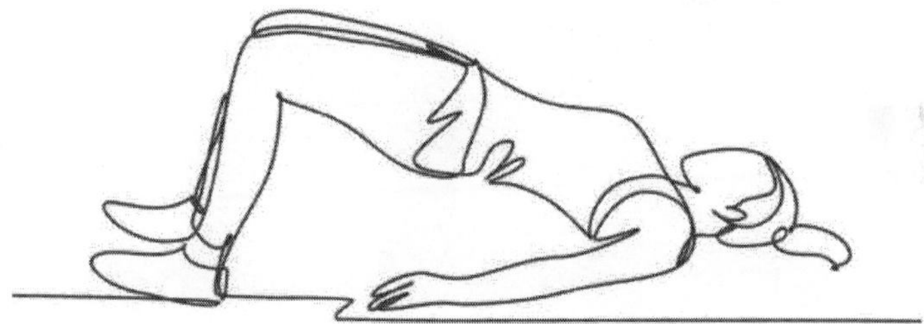

Die Übung wird insgesamt dreimal für fünfzehn Sekunden wiederholt.

Übung 5 – Stabilisierung für Schultern, Rücken, Oberschenkelrückseite und Gesäß:

• Die Spieler kommen im Vierfüßlerstand auf die Matte.

• Anschließend heben sie einen Arm und das diagonal gegenüberliegende Bein zeitgleich an. Dabei bleibt der Rücken gerade und der Blick wandert zum Boden.

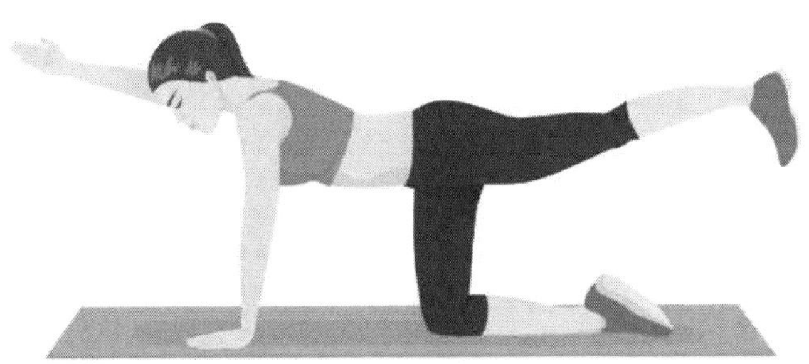

Pro Seite werden insgesamt vier Durchgänge à zehn Sekunden durchgeführt.

Grundfitness

Stabilisierungsprogramm für Fortgeschrittene:

Das Stabilisierungsprogramm für Fortgeschrittene knüpft an das Stabilisierungsprogramm für Anfänger an und setzt sich ebenfalls aus sechs unterschiedlichen Übungen zusammen, die alle hintereinander ausgeführt werden. Zwischen den einzelnen Übungen sollte jeweils eine Pause von 20 bis 30 Sekunden gemacht werden.

Übung 1 – Stabilisierung für Schultern, Rücken und Gesäß:

- Die Spieler legen sich in Bauchlage auf die Matte, strecken dabei Arme und Beine aus und blicken zum Boden.
- Anschließend lösen sie ihren Oberkörper sowie Arme und Beine langsam und kontrolliert vom Boden und heben immer im Wechsel ein Bein und den gegenüberliegenden Arm an.

Die Übung wird insgesamt viermal für zwanzig Sekunden wiederholt.

Übung 2 – Stabilisierung für Schultern, Hüften und Bauch:

- Die Spieler kommen in Rückenlage auf die Matte und winkeln ihre Beine in der Luft an, wobei ihre Oberschenkel parallel zum Boden verlaufen.
- Im Anschluss drücken sie mit ihren Händen immer fester gegen ihre Knie. Zur selben Zeit rollen sie ihren Oberkörper leicht auf, halten die Position für einen Atemzug, lösen den Druck wieder und rollen den Oberkörper wieder ab.
- Wichtig ist, dass die Spieler ihren Kopf zwischen den einzelnen Wiederholungen nicht auf der Matte auflegen, sondern direkt wieder aufrollen.

Die Übung wird insgesamt viermal für zwanzig Sekunden wiederholt.

Übung 3 – Stabilisierung für Schultern, Beine und Rumpf:

- Die Spieler kommen im Unterarmstütz auf die Matte, wobei ihre gestreckten Arme mit den Fußspitzen sowie ihre Unterarme aufsetzen.
- Nun heben die Kinder ihre Hüfte so weit an, bis ihr gesamter Körper gestreckt ist.
- Dann beginnen sie, ihre Beine im Wechsel leicht anzuheben und ihre Fersen dabei nach hinten zu drücken.

Pro Seite werden insgesamt vier Durchgänge à zehn Sekunden durchgeführt.

Übung 4 – Stabilisierung für Beine, Hüften und Rumpf:

- Die Spieler kommen im Unterarmstütz in Seitenlage auf die Matte, strecken ihre Beine aus und richten ihren Blick geradeaus.
- Ihr Becken ist leicht nach vorne gekippt und der obenliegende Arm wird auf der Hüfte abgelegt.
- Im Anschluss heben die Kinder ihre Hüfte so weit an, bis ihr gesamter Körper gestreckt ist. Währenddessen ziehen sie ihre Zehenspitzen an und halten die Position für einen Moment.
- Anschließend senken sie ihr Becken wieder ab.

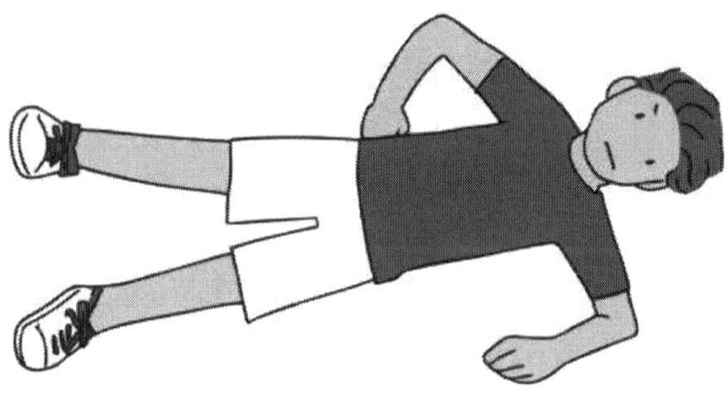

Pro Seite werden insgesamt vier Durchgänge à fünfzehn Sekunden durchgeführt.

Übung 5 – Stabilisierung für Rücken, Oberschenkelrückseite und Gesäß:

• Die Spieler kommen in Rückenlage auf die Matte, winkeln ihre Beine an und setzen dabei lediglich mit ihren Fersen auf.

• Ihre Arme positionieren sie seitlich neben ihrem Körper, wobei ihre Handflächen nach oben zeigen.

• Nun heben die Kinder ihr Becken an und lösen zur selben Zeit ein Bein von der Matte, sodass ihr angewinkeltes Knie sowie ihre angezogene Fußspitze in Richtung Himmel ziehen.

• Anschließend senken sie Becken und Bein wieder ab.

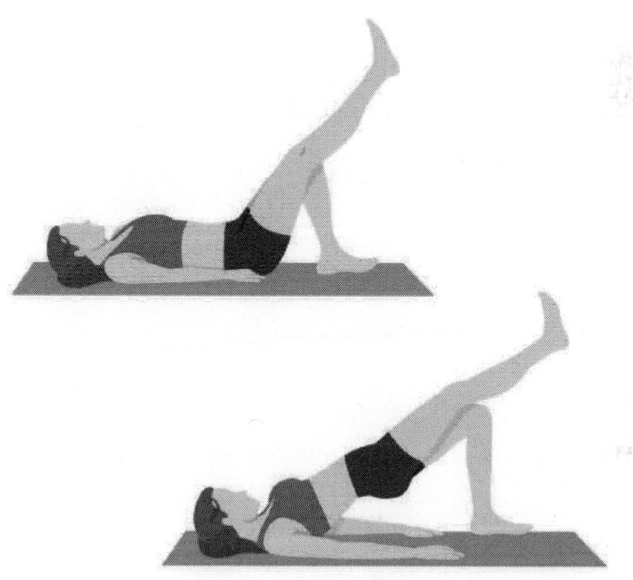

Pro Seite werden insgesamt vier Durchgänge à fünfzehn Sekunden durchgeführt.

Übung 6 – Stabilisierung für Schultern, Rücken, Oberschenkelrückseite und Gesäß:

• Die Spieler kommen in einem Kniestand mit Unterarmstütz auf die Matte. Dabei setzen sie ihre Fußspitzen am Boden auf, sodass ihre Oberschenkel senkrecht zum Boden verlaufen.

• Im Anschluss heben sie beide Knie leicht an. Der Blick ist währenddessen zum Boden gerichtet und der Rücken gerade.

Die Übung wird insgesamt viermal für zwanzig Sekunden wiederholt.

Athletische Grundlagen

Einlaufen mit Körperkontakt:

Für das Einlaufen mit Körperkontakt werden zunächst zwei Hütchenreihen mit einem Abstand von sechs Metern zueinander aufgebaut, wobei zwischen den einzelnen Hütchen jeweils ein Abstand von drei Metern eingehalten werden sollte. Die Spieler finden sich anschließend paarweise zusammen und verteilen sich an den beiden Starthütchen. Auf das Kommando des Trainers starten die ersten beiden Spieler gleichzeitig, umrunden das erste Hütchen und laufen dann aufeinander zu, um vom Boden abzuspringen und sich mit der Brust in der Luft zu berühren. Danach laufen die Spieler aneinander vorbei, umrunden das zweite Hütchen und springen erneut vom Boden ab, um sich mit der Brust in der Luft zu berühren. Sobald das erste Spielerpaar am zweiten Hütchen angekommen ist, startet das nächste Paar. Haben die Spieler das Ende der Hütchenreihe erreicht, kehren sie zum Starthütchen zurück.

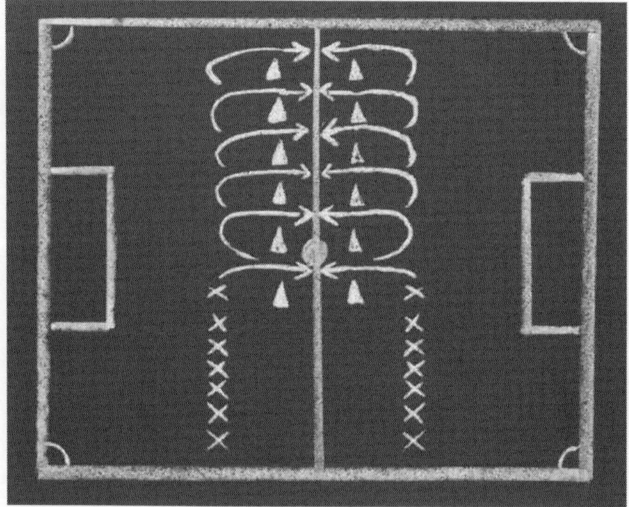

Variation 1: Anstatt sich mit der Brust zu berühren, springen die Spieler seitlich hoch und berühren sich mit der Schulter oder dem Oberarm, wobei die Seite nach jedem Hütchen gewechselt wird.

Variation 2: Die Spieler durchlaufen die Übung mit Ball. Nach jedem Hütchen stoppen sie den Ball, suchen den Körperkontakt und dribbeln dann mit dem Ball des Partners zum nächsten Hütchen weiter.

Technik

Vereinfachte Spiele im 4 gegen 4 mit anschließenden Korrekturspielen

4 gegen 4 mit Passzonen:

Für das 4 gegen 4 mit Passzonen wird zunächst ein 20 x 25 Meter großes Spielfeld aufgebaut und jeweils mittig an jeder Grundlinie im Feld eine 3 x 6 Meter große Zone abgesteckt. Die Spieler teilen sich in zwei Teams à vier Kinder auf und spielen anschließend für acht Minuten gegeneinander auf die vier Zonen. Ziel dieser Übung ist es, einen Mitspieler, der in einer der vier Zonen wartet, anzuspielen und somit einen Punkt zu sammeln. Das Team, das nach Ablauf der Zeit die meisten Punkte hat, gewinnt das Spiel.

Variation 1: Den einzelnen Zonen werden verschiedene Punkte zugeordnet, sodass Zone 1 einen Punkt ergibt, Zone 2 zwei Punkte, Zone 3 drei Punkte und Zone 4 vier Punkte.

Variation 2: Jeder der vier Zonen wird ein fester Spieler zugeordnet. Nur diesem Spieler ist es erlaubt, den Ball in der Zone anzunehmen.

Variation 3: Die Zuspiele in die Zone dürfen nur mit dem schwächeren Fuß gespielt werden.

Tipps und Korrekturen:

Während der Spielzeit sollte der Trainer darauf achten, dass die Spieler permanent das Anbieten sowie Freilaufen üben. Außerdem sollte er beim Passen auf Beidfüßigkeit seiner Spieler sowie darauf achten, dass die Kinder ihr Passspiel sowie ihre Ballannahme und die Genauigkeit ihrer Aktionen spielerisch verbessern.

Vereinfachte Spiele im 5 gegen 5 mit Korrekturspielen

Ballbesitz im 5 gegen 5 mit einem neutralen Spieler:

Für den Ballbesitz im 5 gegen 5 mit einem neutralen Spieler wird zunächst das Spielfeld auf einem Erwachsenenfeld zwischen Strafraumgrenze und Mittellinie abgesteckt. In der Mitte des Feldes wird zudem eine 3 x 3 Meter große Zone mit Hütchen markiert, in dem sich ein neutraler Spieler als Anspielstation aufstellt. Die Spieler teilen sich in zwei Teams à fünf Spieler ein und spielen innerhalb des Feldes für fünf Minuten gegeneinander. Der neutrale Spieler spielt immer mit der ballbesitzenden Mannschaft. Er hat jedoch nur einen Ballkontakt, wohingegen die restlichen Spieler zwei Ballkontakte haben.

Variation: Die Übung kann als Wettkampf ausgetragen werden. Dabei bekommt jedes Team, das zehn aufeinanderfolgende Pässe schafft, einen Punkt. Das Team, das zuerst zehn Punkte erreicht hat, gewinnt das Spiel.

Tipps und Korrekturen:

Aufgabe des Trainers ist es in erster Linie, während der Übung darauf zu achten, dass die Spieler die Anzahl der Ballkontakte nicht überschreiten. Außerdem sollte er sie immer wieder dazu anleiten, qualitativ hochwertige Doppelpässe mit einem guten Timing und einer präzisen Passschärfe zu spielen, schnell zu reagieren, sich anzubieten, in die freien Räume einzulaufen, sich vom Gegenspieler zu lösen, den Doppelpass mit dem neutralen Spieler in der mittleren Zone zu suchen und sich anschließend direkt wieder anzubieten. Zudem sollte bei dieser Übung die Beidfüßigkeit der Spieler geschult werden.

Spiele im 7 gegen 7

Spiel im 7 gegen 7 mit zwei Neutralen:

Für das Spiel im 7 gegen 7 mit zwei neutralen Spielern werden zwei Tore an beiden Strafraumgrenzen eines Erwachsenenspielfeldes aufgebaut. Die Spieler teilen sich anschließend in zwei Teams à sieben Spieler ein, wobei jedes Team mit einem Torhüter spielt. Zusätzlich werden zwei neutrale Spieler bestimmt, die jeweils bei der ballbesitzenden Mannschaft mitspielen. Grundsätzlich wird für zehn Minuten im freien Spiel gespielt. Die neutralen Spieler haben allerdings nur jeweils einen Ballkontakt. Sie müssen den Ball also immer direkt weiterspielen und dürfen außerdem immer nur nach vorne spielen. Die Spielzeit beträgt insgesamt zehn Minuten.

Variation 1: Die beiden neutralen Spieler haben keine Kontaktbeschränkung.

Variation 2: Jeder Spieler, der aufs Tor abschließen möchte, muss den Torabschluss innerhalb von fünf Sekunden nach Ballgewinn vollziehen.

Mentale Faktoren

Triathlon im 6 gegen 6

Fußballtriathlon:

Neben dem athletischen Grundgedanken, der sich hinter dem Triathlon verbirgt, eignet sich der Fußballtriathlon im 6 gegen 6 auch hervorragend als Teil des mentalen Coachings, da er nicht nur die Willensstärke der Spieler fördert, sondern auch ihren Teamgeist stärkt. Für den Fußballtriathlon teilen sich die Spieler zunächst in Teams mit jeweils sechs Spielern auf, die dann im 6 gegen 6 gegeneinander antreten. Dabei muss jedes Sechserteam drei Disziplinen durchlaufen, die nach Belieben entweder zeitlich versetzt oder zeitgleich durchgeführt werden müssen. Das Team, das am Ende in der Summe die meisten Punkte bzw. die besten Ergebnisse erzielt hat, gewinnt den Fußballtriathlon.

1. Disziplin – 900-Meter-Lauf:

Zu Beginn des Fußballtriathlons müssen sich die Sechserteams in einem 900-Meter-Lauf auf Zeit beweisen. Auf das Kommando des Trainers laufen die Teams los, wobei der Trainer gleichzeitig die Stoppuhr laufen lässt. Sobald alle sechs Spieler eines Teams die Start-Ziel-Linie überquert haben, stoppt der Trainer die Zeit erneut und notiert diese.

2. Disziplin – Die Ballstaffel:

Für die zweite Disziplin stellen sich beide Sechserteams jeweils in einer zickzackförmigen Gasse auf und halten dabei einen Abstand von sieben Metern zueinander ein. Am Anfang der beiden Gassen wird ein Reifen auf dem Boden positioniert, in dem unterschiedliche Bälle (z. B. Tennisbälle, Fußbälle, Rugbybälle, Tischtennisbälle) platziert werden. Am Ende der beiden Gassen wird ein zweiter Reifen auf dem Boden positioniert, der nicht gefüllt wird. Sobald der Trainer das Kommando gibt, beginnt die Ballstaffel. Ziel dieser Übung ist es, als erstes Sechserteam alle Bälle des ersten Reifens in den zweiten zu befördern. Dafür müssen sich alle Spieler einer Mannschaft die jeweiligen Bälle aus dem ersten Reifen zupassen und diese im zweiten Reifen platzieren. Ein neuer Ball darf jedoch erst dann aus dem ersten Reifen genommen und weitergepasst werden, wenn der vorherige Ball im letzten Reifen angekommen ist. Das Team, das die Bälle zuerst vom ersten in den zweiten Reifen befördert hat, bekommt eine Zeitgutschrift von zehn Sekunden.

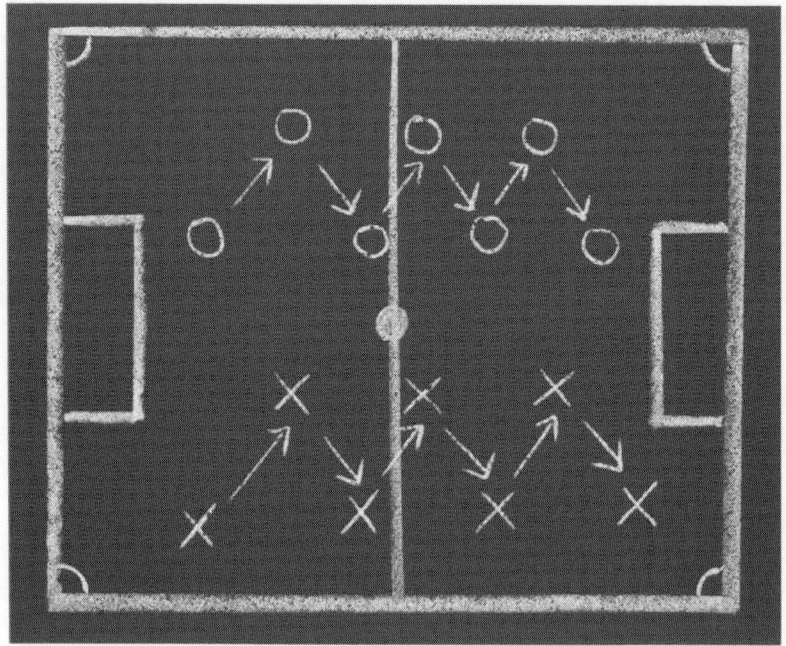

3. Disziplin – Der Torschuss im Rundlauf:

Für den Torschuss im Rundlauf wird ein 12 x 12 Meter großes Spielfeld markiert, an dessen beiden Grundlinien jeweils versetzt zueinander zwei Tore aufgestellt werden, die beide von einem Torhüter bewacht werden. Sieben Meter vor der Torlinie wird auf beiden Seiten des Feldes außerdem eine Torschusslinie markiert. Anschließend stellt sich jeweils ein Sechserteam an der einen Grundlinie mit Ball und das andere Sechserteam an der anderen Grundlinie mit Ball auf.

Ziel dieser dritten Disziplin ist es, innerhalb von drei Minuten so viele Tore wie möglich zu erzielen. Auf Kommando des Trainers starten die ersten Spieler beider Teams im Dribbling bis zur Torschusslinie und schießen von dort aus direkt aufs Tor. Anschließend holen sie ihren Ball und stellen sich an der anderen Grundlinie an. Die Treffer der jeweiligen Mannschaften werden laut mitgezählt.

Jedes erzielte Tor einer Mannschaft ergibt eine Zeitgutschrift von fünf Sekunden und fließt am Ende in die Ergebnisauswertung ein.

Auswertung der Ergebnisse:
Nachdem alle Teams den Fußballtriathlon erfolgreich durchlaufen haben, folgt die Auswertung der Ergebnisse. Hierfür kann sich der Trainer an der folgenden Vorgehensweise orientieren:

- Die Zeit für den 900-Meter-Lauf fließt in die **Wertungszeit** ein.
- Das Team, das die **Ballstaffel** gewonnen hat, bekommt **eine Zeitgutschrift von zehn Sekunden**, die von der Wertungszeit **subtrahiert** wird.
- Jedes **erzielte Tor des Rundlaufs** ergibt eine **Zeitgutschrift von fünf Sekunden.**

Beispielrechnung:

➔ 900-Meter-Lauf = 3 Minuten und 30 Sekunden = 210 Sekunden

➔ Zeitgutschrift der Ballstaffel = 10 Sekunden Gutschrift

➔ Zeitgutschrift für jedes erzielte Tor des Rundlaufs= 12 erzielte Tore x jeweils 5 Sekunden Zeitgutschrift = 60 Sekunden Gutschrift

➔ Ergebnis = 210 Sekunden - 10 Sekunden - 60 Sekunden

➔ Wertungszeit = **2 Minuten und 20 Sekunden**

Das Sechserteam, das am Ende des Fußballtriathlons die niedrigste Wertungszeit erreicht hat, gewinnt.

In die folgende Tabelle können die Ergebnisse eingetragen werden:

Team	**Lauf**	**Ballstaffel**	**Rundlauf**	**Wertungszeit**	**Platzierung**

Mentalcoaching

Die Fußball-Massage:

Die Fußball-Massage eignet sich insbesondere nach einer anstrengenden Trainingseinheit oder nach einem Spiel, um nicht nur den Körper nach dem vielen Laufen, Schießen und den Zweikämpfen zu entspannen, sondern auch, um den Geist zu beruhigen und zur Ruhe zu kommen.

Durchführung:

- Die Spieler setzen sich zunächst ins Gras und führen die Fußball-Massage alleine auf ihren Beinen durch.
- Im ersten Schritt müssen sich die Spieler dafür allgemein aufwärmen *(Laufbewegungen mit den Fingern).*
- Anschließend wärmen sie ihre Gelenke auf und dehnen ihren Körper *(die Haut an den Beinen mit den Händen glatt streichen).*
- Nach dem Aufwärmen folgen kurze Sprints *(schnell mit der Hand von oben nach unten an den Beinen streichen).*
- Im Anschluss laufen die Kinder im Slalom durch eine Hütchenreihe *(Slalombewegungen mit den Fingerspitzen machen).*
- Am Ende der Hütchenreihe liegt ein Ball, den sich die Kinder untereinander zupassen *(Zickzackbewegungen mit den Fingerspitzen machen).*
- Im anschließenden Elfmeterschießen versuchen die Spieler, in die Ecken des Tores zu treffen *(mit der geschlossenen Hand am Bein entlangfahren und die Hand dabei öffnen).*
- Zum Abschluss können sich die Spieler dann in einem Trainingsspiel beweisen *(die Beine mit den Fingern kneten).*

Mentalcoaching

Resilienz stärken:

Definition: Resilienz

Grundsätzlich wird der Terminus **Resilienz** mit dem Begriff der **Widerstandsfähigkeit** übersetzt. In der Psychologie bedeutet Resilienz ferner, eine **kritische Situation erfolgreich zu bewältigen** – eine Krise demnach nicht nur abzuwenden, sondern als Person an ihren Herausforderungen **zu wachsen**, von diesen **zu lernen** und künftige Schwierigkeiten **besser zu bewältigen.**

Eine ausgeprägte Resilienz fungiert praktisch als **Schutzschild vor seelischen Verletzungen** und hilft Kindern dabei, Belastungen, Krisen und Misserfolge besser zu verkraften und gleichzeitig ihr Selbstbewusstsein zu stärken.

Durchführung der Übung zur Körperwahrnehmung:

- Zunächst strecken die Kinder ihre Hand vor ihrem Körper aus und sehen diese für einen Moment lang an.
- Dann schließen sie ihre Augen und werden anschließend vom Trainer gefragt, woher die Kinder wissen, dass ihre Hand noch da ist *(zum Beispiel, weil ihre Hand warm, kalt oder verschwitzt ist).*
- Nun schütteln die Spieler ihre Hand kräftig und beschreiben erneut, wie sich diese anfühlt.
- Im Anschluss reiben die Spieler ihre Hand an ihrem Oberschenkel, pusten diese an und beschreiben noch ein letztes Mal, wie sie sich anfühlt.

Taktik/Spielintelligenz

Programm für das Verständnis von Angriffs- und Abwehraktionen

Ballführung über die Endlinie:

Bei der Ballführung über die Endlinie spielen immer jeweils zwei Vierermannschaften auf einem 35 x 20 Meter großen Spielfeld gegeneinander. Ziel dieser Übung ist es, über die Endlinie des gegnerischen Teams zu dribbeln. Das Spiel beginnt jeweils im Zentrum des Feldes – durch einen Trainerball. Die Spielzeit beträgt dreimal drei Minuten, wobei nach jedem zweiten Tor eine kurze Pause eingelegt wird, in der der Trainer die Spieler auf potenzielle Fehler hinweisen kann.

Lernziele für den Angriff:

- Sobald eine Mannschaft den Ball erobert, sollten die Spieler im Angriff sowohl die Tiefe als auch die Breite des Spielfeldes ausnutzen (z. B. durch eine Rhombusformation). Die Spieler sollten dabei keineswegs auf gleicher Höhe agieren.
- Die Spieler sollten stets versuchen, den Ball dorthin zu spielen, wo sich ausreichend Spielraum ergibt – in den meisten Fällen auf der Seite, die dem Ball abgewandt ist. Aus diesem Grund sollte mindestens einer der vier Spieler eines Teams in diesen Raum laufen.
- Lange Zuspiele zur Verlagerung des Spiels sollten nicht nur zum richtigen Zeitpunkt, sondern auch mit genügend Härte und Präzision gespielt werden, ohne dem Gegner dabei die Passrichtung oder die eigene Intention preiszugeben.
- Nach Möglichkeit sollte der Pass immer zu dem Mitspieler erfolgen, der am besten in die freien Räume gestartet ist. Aufgabe des ballbesitzenden Spielers ist es dabei, den Blick permanent vom Ball selbst zu lösen.
- Freistöße und Einwürfe sollten schnell ausgeführt werden.
- Das Tempo muss im Angriff zum richtigen Zeitpunkt beschleunigt werden, um dieses anschließend wieder zu verlangsamen und den eigenen Mitspielern somit ausreichend Zeit zu geben, eine optimale Position auf dem Spielfeld einzunehmen.
- Der ballbesitzende Mitspieler sollte stets auch ohne Ball unterstützt werden, um somit eine 1-gegen-1-Situation verhindern und vielmehr eine 2-gegen-1-Überzahlsituation schaffen zu können.
- Pressing-Versuche der Gegenspieler sollten vorausgesehen werden, um ihren Erfolg durch ein optimales Stellungsspiel oder einen Rückpass zum eigenen Mitspieler zu verhindern.

Lernziele für die Abwehr:

- Aufgabe der Abwehrspieler ist es, sich stets zwischen Gegner und Tor zu stellen und damit den direkten Weg zum Tor zuzustellen. Im Zuge dessen sollte sich der Verteidiger niemals in eine frontale Stellung begeben, sondern vielmehr eine seitliche Position einnehmen, um seinen Gegner zur seitlichen Außenlinie abzudrängen, wobei er diesen stets zu der Seite abdrängen sollte, auf der sein Gegner ungefährlicher ist (z. B. die Seite seines schwachen Fußes oder die zur Tor entfernten Seitenlinie).
- Die Verteidiger sollten sich beim Versuch, den Ball eines Angreifers abzuwehren, stets auf den Ball und nicht auf die Fußstellung (z. B. Finten) des Angreifers konzentrieren, gleichzeitig jedoch auch nicht die eigenen Mitspieler sowie die übrigen Gegenspieler unbeachtet lassen.
- Die Verteidiger müssen während des gesamten Spiels wachsam sein, um das Spiel korrekt wahrnehmen und dementsprechend die richtige Entscheidung treffen zu können.
- Je nach gegebener Spielsituation sowie nach der jeweiligen Position des Balls müssen die Verteidiger entscheiden, ob eine Gegner- oder Raumdeckung besser ist.
- Nachdem Gegenangriffe erfolgreich abgewehrt wurden, sollten die Verteidiger einen schnellen Wechsel von der Defensive in die Offensive vornehmen.
- Gegnerische Zuspiele sollten, während die Gegner ihre Pässe vorbereiten, vorausgesehen werden, damit die Verteidiger die Angreifer überholen und ihren Ball abfangen können.

Test der Spielfähigkeit für Fußball im 8 gegen 8

Positionsspiel im 8 gegen 8:

Das Positionsspiel im 8 gegen 8 wird auf einem halben Erwachsenenspielfeld ausgetragen, auf dem in der Mitte eine gelbe und eine grüne Zone eingeteilt werden, die gemeinsam eine zentrale Mittelzone bilden. Die Spieler teilen sich in zwei Mannschaften à acht Spieler plus Torhüter auf und spielen im 1-3-2-3-System auf zwei Tore. Tore dürfen dabei nur dann erzielt werden, wenn ein Spieler der ballbesitzenden Mannschaft mit Ball durch die zentrale Mittelzone gedribbelt ist und im Anschluss einen langen Steckpass zu einem Mitspieler gepasst hat, der diesen in der jeweils freien Endzone erfolgreich annehmen und verwandeln muss. Die Achtermannschaft, die zuerst fünf Tore geschossen hat, gewinnt das Positionsspiel im 8 gegen 8.

Variation 1: Ein Spieler jeder Mannschaft zieht sich ein farbiges Leibchen über und wird zum Joker. Er muss sich nicht an die Regeln zum Dribbling sowie zum Steckpass halten.

Variation 2: Nach Ballleroberung hat das ballbesitzende Team nur zehn Sekunden Zeit, um ein Tor zu schießen und somit das offensive Umschaltspiel zu fördern.

Test der Spielfähigkeit für Fußball im 8 gegen 8

Das Abschlussspiel im 8 gegen 8:

Um die Spielfähigkeit der Kinder im 8 gegen 8 zu testen, wird ein Erwachsenenspielfeld auf 2/3 seiner ursprünglichen Größe verkleinert. Die Spieler teilen sich in zwei Teams à acht Spieler plus Torhüter auf. Gespielt wird so lange, bis das erste Team zehn Punkte erreicht hat. Punkte können entweder erzielt werden, indem die beiden Mannschaften ein Tor erzielen oder aber indem sie untereinander zehn erfolgreiche Pässe spielen, ohne dass die gegnerische Mannschaft dabei den Ball erobern kann.

Variation 1: Jedes Tor zählt doppelt.

Variation 2: Die Anzahl der Ballkontakte wird begrenzt.

Stufe 5: ab 14 Jahren

GRUNDLEGENDES

Material

Tore

Offiziell wird ab der C-Jugend auf einem kompletten Fußballfeld mit Großfeldtoren gespielt, wobei das offizielle Regelwerk des Fußballweltverbandes FIFA nach Toren mit einer **Breite von 7,32 Metern** und einer **Höhe von 2,44 Metern** verlangt. Die Torhöhe wird dabei vom Boden bis zur Unterkante der Torlatte gemessen, wohingegen sich die Breite auf den Abstand zwischen den Innenseiten beider Torpfosten bezieht.

Fußbälle

Ab einem Alter von dreizehn Jahren empfiehlt es sich, mit einem normalen Fußball in der **Größe 5** zu spielen.

Ausrüstung

Alle Spieler einer Mannschaft sollten **dieselben Trikots, Hosen und Stutzen** tragen. Im Training kann die Zugehörigkeit zu einem Team jedoch auch durch **passend farbliche Leibchen** zum Ausdruck gebracht werden. Außerdem sollten alle Spieler mit **Schienbeinschonern** spielen.

Maße des Spielfeldes

Für die fünfte Stufe des Entwicklungsmodells, die in der Regel ab einem Alter von vierzehn Jahren bzw. mit dem Eintritt in die B-Jugend beginnt, bieten sich jegliche Spiele für das offizielle Spiel an. Nach offiziellem Regelwerk wird ab der C-Jugend auf einem kompletten Fußballfeld mit Großfeldtoren gespielt. Aus diesem Grund hat der DFB die Spielfeldmaße von **mindestens 100 x 64 Metern bis höchstens 110 x 75 Metern als Standardmaß** festgelegt, wobei die Standardgröße in der Regel **105 x 68 Meter** beträgt, die auch für die Spieler der fünften Entwicklungsstufe gelten.

TRAININGSDIMENSIONEN

Zur Erinnerung:
Die fünfte Stufe des Entwicklungsmodells beginnt ab einem Alter von vierzehn Jahren bzw. mit Eintritt in die B-Jugend und zielt auf die Spielfähigkeit im Fußball im 11 gegen 11 ab. Hierfür bieten sich verschiedene Spiele an, zu denen

- Spiele für den Fußball im 8 gegen 8,
- Mannschafts- und Gruppentraining mit dem Fokus auf Abwehr- und Angriffsverhalten,
- Positionstraining zur individuellen Schulung,
- Standardsituationen in der Offensive und der Defensive und
- das Konditionstraining

gehören. Diese Inhalte werden im Folgenden innerhalb der vier Dimensionen zur Förderung von Fußballkönnen erarbeitet.

Athletik

Konditionstraining

Biathlon

Als Biathlonstrecke wird ein 25 x 15 Meter großes Spielfeld aufgebaut. Die Biathlonstrecke umfasst insgesamt vier Stationen, von denen sich zwei Stationen jeweils auf einer Grundlinie des Feldes und die anderen beiden Stationen außerhalb des Feldes befinden.

Station 1, die an der oberen Grundlinie aufgebaut wird, setzt sich aus Stangen zusammen, die in Zickzackform auf dem Boden ausgelegt werden und über die die Spieler jeweils mit zwei Kontakten pro Stangenseite laufen müssen.

Für **Station 2** werden an der unteren Grundlinie fünf Slalomstangen aufgebaut, die von den Spielern im Slalom passiert werden müssen.

Für die **Station 3** wird außerhalb des Feldes zunächst eine Startlinie markiert. Etwa fünf bis zehn Meter von der Startlinie entfernt werden zusätzlich vier Kegel aufgestellt, die die Spieler von der Startlinie aus mit vier Bällen umschießen müssen. Jeder Kegel, der nicht vom jeweils schießenden Spieler getroffen wird, ergibt eine Strafrunde, die an Station 4 absolviert werden muss. Station 4 wird zehn Meter von Station 3 entfernt aufgebaut. Hierfür wird eine Pylone aufgestellt, die von den Spielern, entsprechend der Anzahl ihrer Strafrunden, umlaufen werden muss. Trifft ein Spieler alle Kegel, kann er die vierte Station jedoch auslassen und direkt zur ersten Station zurückkehren.

Die Spieler verteilen sich an den ersten drei Stationen und starten zeitlich versetzt. Der Biathlon umfasst in der Summe zehn Runden, die von den Spielern absolviert werden müssen.

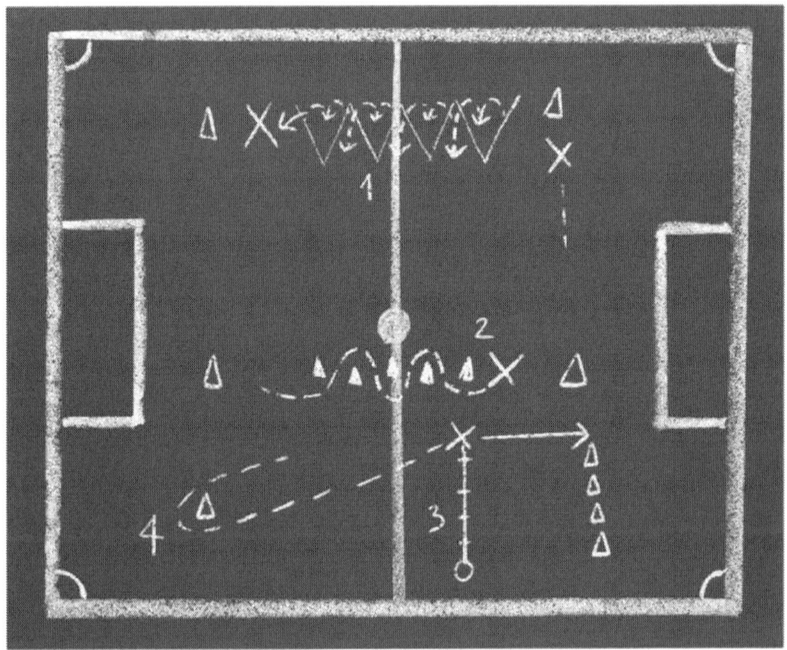

Konditionstraining

Spielerische Kondition im 2 gegen 2

Für das spielerische Konditionstraining im 2 gegen 2 wird zu Beginn ein 18 x 10 Meter großes Spielfeld abgesteckt, in dem im 2 gegen 2 auf zwei Minitore gespielt wird. Neben den Minitoren werden an den Seitenlinien außerdem Ersatzbälle platziert. Gespielt wird zweimal sechs Minuten, mit einer kurzen Pause von zwei Minuten. Die beiden Zweierteams dürfen Tore nur dann erzielen, wenn sie sich in der gegnerischen Hälfte befinden. Wenn der Ball im Seitenaus landet, wird sofort ein neuer Ball ins Feld eingedribbelt. Eckstöße werden nicht ausgeführt, sondern der Ball wird stattdessen vom eigenen Tor aus wieder zurück ins Spiel gebracht. Ist die Spielzeit abgelaufen, wechseln die Zweierteams untereinander, sodass jedes Team einmal gegen jedes andere Team gespielt hat. Die Mannschaft, die am Ende die meisten Siege erzielt hat, gewinnt.

Fußballspezifisches Athletiktraining

Wahrnehmung, Koordination und Passspiel:

Für den athletischen Wahrnehmungsparcours wird zunächst ein 25 x 20 Meter großes Spielfeld abgesteckt. Neben dem Spielfeld werden zudem fünf Stationen errichtet:

- Station 1: fünf Stangen hintereinander aufstellen
- Station 2: fünf Minihürden hintereinander aufbauen
- Station 3: fünf Hütchen versetzt voneinander in einer Reihe aufstellen
- Station 4: eine Koordinationsleiter auf den Boden legen
- Station 5: fünf Stangen versetzt voneinander aufstellen

Anschließend teilen sich die Spieler in drei Gruppen ein und stellen sich im Feld auf, wobei zwei Gruppen jeweils einen Ball bekommen. Die beiden ballbesitzenden Gruppen passen sich nun untereinander den Ball zu. Die dritte Gruppe ohne Ball führt währenddessen verschiedene Übungen an den Koordinationsstationen durch:

- Station 1: die Stangen im Slalom passieren
- Station 2: über die Minihürden springen
- Station 3: die Hütchen im Slalom passieren
- Station 4: durch die Koordinationsleiter laufen
- Station 5: die Stangen im Sidestep passieren

Sobald alle Spieler der dritten Gruppe die Koordinationsaufgaben absolviert haben, kehren sie ins Feld zurück und wechseln mit einer der beiden ballbesitzenden Gruppen die Aufgaben.

Variation: Jede Gruppe bekommt einen Ball. Alle Spieler dribbeln innerhalb ihrer eigenen Gruppe im Feld. Auf das Kommando des Trainers hin dribbeln alle Spieler der genannten Gruppe zu den Koordinationsstationen und führen die entsprechenden Übungen aus.

Technik

Positionstraining (individuelle Schulung)

Positionsspiel im 5 + 1 mit zwei neutralen Spielern:
Um das Positionsspiel im 5 + 1 mit zwei neutralen Spielern zu trainieren, wird zu Beginn ein 34 x 36 Meter großes Spielfeld aufgebaut, in dem jeweils eine fünf Meter tiefe Endzone vor der oberen und unteren Grundlinie und eine 24 Meter tiefe Mittelzone abgesteckt wird. Hinter beiden Endzonen werden außerdem jeweils zwei Minitore auf beiden Seiten aufgestellt. Im Anschluss teilen sich die Spieler in zwei Sechserteams mit zwei neutralen Spielern auf. Im Spielfeld wird im freien Spiel im 5 gegen 5 gespielt, wobei jede Mannschaft einen Wandspieler hat, der hinter den beiden offensiven Endzonen steht. Die beiden neutralen Spieler jeder Mannschaft stellen sich an der Seite neben dem Spielfeld auf und können während des Spiels jederzeit von den Feldspielern als zusätzliche Wandspieler angespielt werden.

Im Spielfeld wird ohne Abseits zweimal acht Minuten mit einer kurzen Pause zwischendurch gespielt. Die Anzahl der Ballkontakte der Wandspieler sowie der neutralen Spieler ist auf zwei beschränkt. Die Feldspieler dürfen nicht nur die die neutralen Spieler, sondern auch die Wandspieler hinter den Endzonen jederzeit anspielen, die das Spielfeld jedoch nicht betreten dürfen. Im Gegensatz zu den Wandspielern dürfen die Feldspieler die Endzonen aber betreten und bespielen. Tore sind nur dann gültig, wenn der letzte Ball vor Torabschluss von einem Wandspieler in die Endzone abgelegt und das Tor aus der Endzone heraus erzielt wurde.

Wenn eine Mannschaft ein Tor erzielt, wechselt der Ballbesitz nicht. Stattdessen beginnt die Mannschaft, die gerade ein Tor erzielt hat, mit einem neuen Angriff von ihren eigenen Minitoren aus. Landet der Ball im Seitenaus, wird er durch einen indirekten Freistoß wieder zurück ins Spiel gebracht.

Variation 1: Tore zählen erst nach einer Mindestanzahl an Pässen, zum Beispiel müssen mindestens zehn Pässe gespielt werden.

Variation 2: Die Übung wird ohne neutrale Spieler im 6 gegen 6 im Feld gespielt.

Positionstraining (individuelle Schulung)

Allumfassendes Positionstraining:

Das allumfassende Positionstraining bereitet alle Spieler jeder Position auf ihre individuellen Aufgaben im Spiel vor, da bei dieser Übung nicht nur das gruppentaktische Angreifen und Verteidigen von jedem Spieler abverlangt wird, sondern auch die präzise Ballannahme sowie -mitnahme von flachen, halbhohen und hohen Pässen und Flanken, das Tempodribbling, die Spielverlagerung, der Torschuss sowie das offensive und defensive 1 gegen 1.

Die Übung wird auf einer Hälfte eines Erwachsenenspielfeldes mit einem Tor ausgeführt. Mittig zwischen Mittelkreis und Strafraum werden ein Hütchen sowie mehrere Bälle positioniert, wobei sich am Hütchen zwei Stürmer der angreifenden Mannschaft mit Ball aufstellen. Die defensive Abwehrkette positioniert sich vor dem Strafraum, wobei beide Außenverteidiger jeweils einen Ball am Fuß haben. Darüber hinaus werden weitere Bälle neben beiden Seitenlinien des Feldes deponiert. Weiterhin stellen sich zwei 6er der angreifenden Mannschaft an der Mittellinie sowie jeweils ein Mittelaußen der angreifenden Mannschaft auf beiden Außenbahnen auf.

Die Übung beginnt, wenn die beiden Stürmer vom Hütchen aus auf die beiden Innenverteidiger zudribbeln und im 2 gegen 2 versuchen, ein Tor zu erzielen. In dem Moment, in dem einer der beiden Stürmer seinen ersten Ballkontakt macht, spielt gleichzeitig der rechte Außenverteidiger einen diagonalen Flugball auf den rechten 6er des angreifenden Teams. Dieser nimmt den Ball kontrolliert an und spielt ihn dann zum anderen 6er seines Teams, der den Ball dem linken Mittelfeldaußen gefühlvoll in den Lauf passt, der wiederum auf den rechten Außenverteidiger zudribbelt, diesen idealerweise ausspielt und ein Tor schießt. Sobald der Mittelfeldaußen zum Dribbling ansetzt, spielt der linke Außenverteidiger einen diagonalen Flugball zum linken 6er des angreifenden Teams, der den Ball anschließend annimmt und zum anderen 6er seines Teams spielt. Im Anschluss folgt derselbe Spielablauf über die rechte Seite.

Sobald der Spielablauf einmal vollständig ausgespielt wurde, läuten die Stürmer den nächsten Durchgang mit einem neuen Ball ein.

Wenn die Innenverteidiger den Ball im 2 gegen 2 gegen die angreifenden Stürmer erobern sollten, spielen sie diesen einfach zu einem äußeren Verteidiger ihres Teams. Kann ein Außenverteidiger den Ball im 1 gegen 1 behaupten, spielt er einen Pass zu einem der beiden Stürmer des angreifenden Teams.

Variation: Die Positionen werden doppelt besetzt, sodass alle Spieler nach jedem Durchgang rotieren und auf allen Positionen agieren können.

Spiele für Fußball im 8 gegen 8

Abschlussspiel im 8 gegen 8 mit Andribbelzone:

Im Abschlussspiel im 8 gegen 8 mit Andribbelzone wird die Spielfähigkeit der Kicker auf einem Dreiviertel großen Spielfeld mit drei gleich großen Zonen getestet. Beide Achterteams spielen mit Torwarten auf jeweils ein Tor. Beide Teams spielen entweder im 1-4-3-1-System (1 Torhüter, 4 Verteidiger, 3 Mittelfeldspieler, 1 Stürmer) oder im 1-3-3-2-System (1 Torhüter, 3 Verteidiger, 3 Mittelfeldspieler, 2 Stürmer), wobei der Ball immer über den jeweiligen Torhüter der beiden Mannschaften ins Spiel gebracht wird.

Beide Teams spielen im freien Spiel so lange gegeneinander, bis ein Team zuerst zehn Punkte erzielt hat. Jedes Tor, das sich aus dem normalen Spielverlauf heraus ergibt, zählt einfach. Setzt eine der beiden Mannschaften jedoch folgendes Offensivmuster erfolgreich um, zählen die Tore dreifach: Der Ball wird über den Torhüter ins Spiel gebracht und zu den Eröffnungsspielern, den Verteidigern, gespielt, die den Ball von der ersten Zone in die zweite Zone dribbeln. Im Anschluss spielen die Verteidiger einen Chipball, also einen Flugball, der eine weiche Flugkurve hat, zu einem Mitspieler in die dritte Zone, der den Chipball kontrolliert und den Torabschluss sucht. Landet der Ball im Tor, zählt der Treffer entsprechend dreifach.

Variation: Die Spieler beider Mannschaften chippen den Ball erst innerhalb der dritten Zone zu einem Mitspieler, der diesen erfolgreich verwandeln muss.

Mentale Faktoren

Mentalcoaching

Teambuilding – Der flexible Regelsatz:
Zur Förderung von Vertrauen, Kommunikation und Kooperation innerhalb der Mannschaft und zur Stärkung des Mannschaftsgefühls bietet sich die Übung „Der flexible Regelsatz" hervorragend an. Um das Teambuilding zu fördern und als Einheit mentale Stärke aufbauen zu können, kann die Übung entweder im 4 gegen 4, im 5 gegen 5 oder im 6 gegen 6 auf zwei Tore mit oder ohne Torhüter ausgetragen werden. Die Spielfeldgröße wird dabei entsprechend der Spieleranzahl angepasst. Wird im 4 gegen 4 gespielt, kann zum Beispiel ein Spielfeld von 45 x 30 Metern abgesteckt werden. Treten die Spieler im 6 gegen 6 an, kann auf einem Feld von 60 x 40 Metern gespielt werden. Nachdem sich die Spieler in Teams aufgeteilt und ihre Grundordnung selbst festgelegt haben, stellt ihnen der Trainer jeweils drei Regelsätze vor.

Es wird entweder

1. im freien Spiel,
2. mit nur zwei Ballkontakten oder
3. mit Toren nur nach direkten Abschlüssen

gespielt.

Die beiden Mannschaften, die gegeneinander spielen, sprechen sich nun jeweils untereinander im eigenen Team ab, welchen Regelsatz sie in welchem Durchgang umsetzen wollen. Dementsprechend werden drei Durchgänge gespielt, in denen jedes Team jeweils nach einem Regelsatz spielen muss. Dabei darf ein Regelsatz jedoch niemals zweimal angewendet werden. Die Entscheidung des Teams wird dann ausschließlich dem Trainer und nicht dem gegnerischen Team mitgeteilt.

Sobald beide Mannschaften eine Entscheidung getroffen haben, werden drei Durchgänge à vier Minuten im 4 gegen 4, drei Durchgänge à fünf Minuten im 5 gegen 5 oder drei Durchgänge à sechs Minuten im 6 gegen 6 gespielt. Durch die Anwendung verschiedener Regelsätze werden die Spieler während der Durchgänge mit neuen oder unbekannten Situationen konfrontiert, die ihre Kooperationsfähigkeit im Team fordern.

Mentalcoaching

Die Zielsetzungsübung:

Bei dieser Übung bittet der Trainer seine Spieler nach einer Trainingseinheit, sich zuhause Gedanken darüber zu machen, welche Ziele jeder Einzelne von ihnen erreichen möchte, zum Beispiel besser im Zweikampf zu werden, schneller sprinten oder härter schießen zu können. Nachdem die Spieler ihre Ziele festgelegt haben, schreiben sie diese sichtbar auf und überlegen sich, was es benötigt, um diese Ziele zu erreichen. In den nächsten Trainingseinheiten sollte der Trainer seine Spieler dann immer wieder an ihre Ziele erinnern und sie dazu ermutigen, regelmäßig und fleißig auf diese hinzuarbeiten und ihre Fortschritte zu notieren. Natürlich können sich die Spieler untereinander auch darüber austauschen und vielleicht teilen einige Kinder sogar dieselben Ziele.

Mentalcoaching

Die Resonanzatmung:

Die Resonanzatmung gehört zu den grundlegendsten, einfachsten, aber dennoch effektivsten Atemtechniken, mit der die Spieler ihr Herz, ihre Lunge sowie ihren gesamten Kreislauf während der Trinkpausen im Training oder während der Halbzeitpause im Spiel beruhigen können. Die Atemtechnik wird ihnen jedoch nicht nur dabei helfen, Körper und Geist zu beruhigen, sondern sie versetzt ihren Körper zur selben Zeit auch in höchste Effizienz, weckt ihn also von innen heraus auf.

Durchführung:

- Für die Resonanzatmung setzen sich die Spieler aufrecht im Rasen hin, entspannen ihren Bauch sowie ihre Schultern und atmen dabei aus.
- Anschließend atmen sie sanft für fünf bis sechs Sekunden durch ihre Nase ein und spüren dabei, wie sich ihr Bauch dehnt und sich der untere Bereich ihrer Lunge mit Atemluft füllt.
- Im Anschluss atmen die Spieler ohne Zwischenpause für fünf bis sechs Sekunden sanft durch ihre Nase wieder aus und beobachten dabei, wie sich ihr Bauch zusammenzieht und sich ihre Lunge leert.

Die Resonanzatmung sollte insgesamt mindestens zehnmal wiederholt werden und die Spieler sollten währenddessen darauf achtgeben, dass ihre Atmung permanent fließt und einem Kreislauf gleicht.

Taktik/Spielintelligenz

Standardsituationen in der Offensive und der Defensive

Eckball mit Gegnerdeckung:

Beim Eckball mit Gegnerdeckung führt Team Blau einen Eckball aus, den Team Rot mit einer klassischen Zuordnung zu den Gegnern, also einer Gegnerdeckung, verteidigen muss. Die vier angreifenden Spieler A, B, C und D warten an der Grenze des Strafraumes. Spieler E stellt sich außerdem am kurzen Torpfosten direkt vor dem Torhüter auf. Spieler F besetzt zusätzlich den Rückraum und Spieler G wartet auf der ballfernen Seite.

Der Eckball wird durch Spieler E eingeleitet. Er startet dem Eckballschützen mit Tempo entgegen und läuft sich somit zum kurzen Zuspiel nach außen frei. Zeitgleich startet Spieler B von der Grenze des Strafraums zur vorderen Torraumecke, währenddessen er von Spieler A hinterlaufen wird, der vor den Torhüter sprintet. Außerdem agiert Spieler B als Zielspieler, der ins Zentrum zwischen Torraum und Elfmeterpunkt läuft. Dabei wird er von Spieler C hinterlaufen, der zu der Torraumecke startet, die vom Eckballschützen weiter entfernt ist. Der Eckballschütze schießt den Ball schließlich sieben bis zehn Meter vor das Tor und visiert dabei Spieler D an.

Tipp für Team Blau:
Das blaue Team sollte so eng wie möglich aneinander vorbeilaufen, damit sich die Verteidiger während der Verfolgung der Angreifer gegenseitig stören.

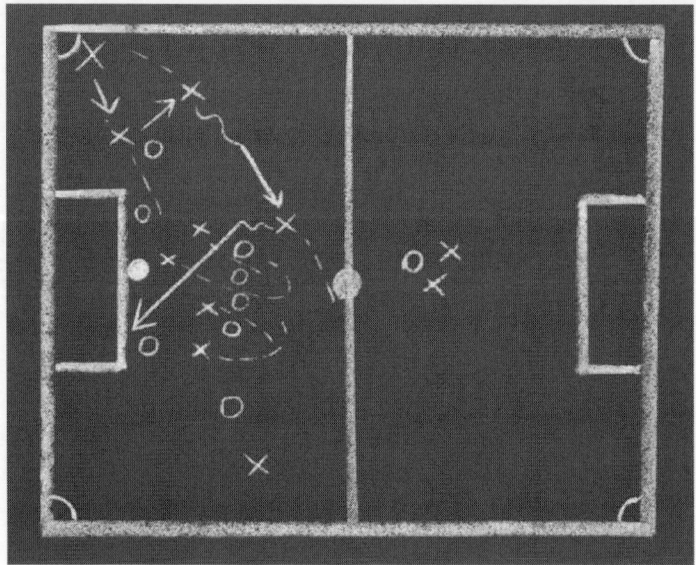

Variation 1: Anstatt den Weg zum entfernten Torraumeck zu suchen, läuft Spieler C zum vorderen Torraum und wird dabei von Spieler A, der der Zielspieler für das Zentrum ist, hinterlaufen. Zur selben Zeit läuft Spieler D vor den Torwart und wird dabei von Spieler B hinterlaufen, der den Weg zum entfernten Torraumeck sucht.

Variation 2: Die Laufwege der Spieler A, B, C und D bleiben dieselben. Der Spieler, der zum Eckball antritt, spielt mit Spieler E, der ihm entgegenstartet, einen Doppelpass. Zeitgleich löst sich der im Rückraum wartende Spieler F von seinem Gegenspieler und bietet sich auf Höhe des ersten Torpfostens vor dem Strafraum für ein Zuspiel an. Der Eckballschütze spielt Spieler F den Ball zu, der anschließend direkt oder nach kurzer Ballannahme und -mitnahme aufs Tor abschließt.

Anmerkung:
Der Eckball mit Gegnerdeckung kann auch mit weniger Spielern, zum Beispiel lediglich mit den Spielern A, B, C und E, geübt werden.

Standardsituationen in der Offensive und der Defensive

Eckball mit Raumdeckung:

In der Regel führen Eckballvarianten, die gegen eine raumdeckend agierende Mannschaft ausgeführt werden, seltener zu Gegentoren als Eckballvarianten, die gegen eine Mannschaft gespielt werden, die gegnerdeckend agiert. Im Gegensatz zur Eckballvariante mit Gegnerdeckung warten die Verteidiger bei der Eckballvariante mit Raumdeckung auf die Hereingabe des Eckballs. Hierfür warten sie im freien Raum in Tornähe, um in den hereingebrachten Ball aktiv mit einer Vorwärtsbewegung starten zu können. Aufgabe des angreifenden Teams ist es also, in dünner besetzte Räume zu starten und die Verteidiger im Zuge dessen vor dem Tor zu binden, um gefährliche Aktionen zu erzeugen.

Für die Grundaufstellung starten Spieler D und Spieler G im Sprint vor das gegnerische Tor und binden dabei die Verteidiger, die im Raum stehen. Zeitgleich starten Spieler A und Spieler B in Richtung der Verteidiger H und I, die sich auf Höhe des Elfmeterpunktes positioniert haben. Spieler A und Spieler B versuchen dabei, die beiden Verteidiger zu blocken und damit zu verhindern, dass diese in den geschlagenen Eckball starten können. Außerdem läuft Spieler C, parallel zur Strafraumlinie, dem Zuspiel des Eckballschützens entgegen. Entscheidet sich der Eckballschütze dazu, Spieler C anzuspielen, nimmt dieser das Zuspiel zum Tor hin mit und sucht dann den Abschluss.

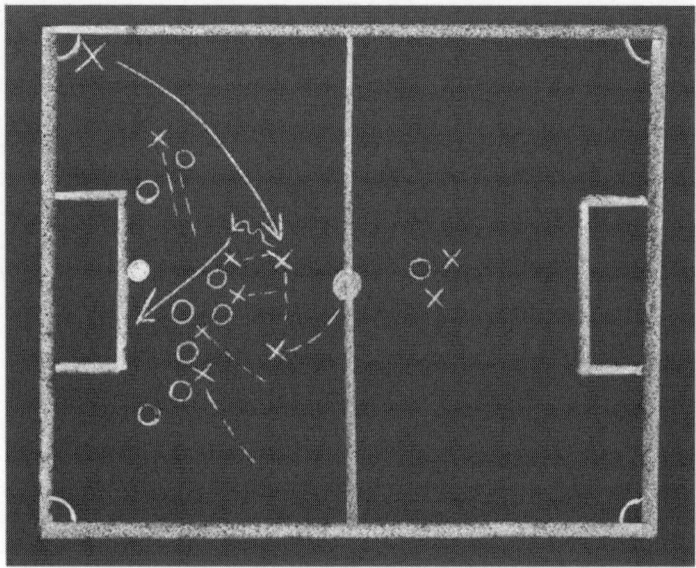

Anmerkung: Der Eckball mit Raumdeckung kann auch mit weniger Spielern, zum Beispiel lediglich mit den Spielern A, B, C und E, geübt werden.

Standardsituationen in der Offensive und der Defensive

Freistoß:

Das Einstudieren eines Freistoßes darf beim Training von Standardsituationen keinesfalls fehlen. Um einen seitlich fliegenden Freistoß einzustudieren, stellen sich fünf Angreifer auf Höhe des Elfmeterpunktes im Strafraum auf. Ein sechster Spieler tritt zum Freistoß, mittig zwischen der Strafraumgrenze und dem Seitenaus, an und spielt den Ball in den Strafraum hinein. Die vier Angreifer, die dem Ball in der Mitte des Strafraums am nächsten stehen, laufen auf den ersten Torpfosten zu, sobald der Freistoßschütze zum Schuss ansetzt. Der Spieler, der vom Ball in der Mitte des Strafraums am weitesten entfernt ist, täuscht dieselbe Laufrichtung an, bricht diese aber unmittelbar ab, um sofort in die Richtung des Elfmeterpunktes zu sprinten.

Variation 1: Im Rückraum warten zwei weitere Spieler, die einen potenziellen zweiten Ball verwerten könnten.

Variation 2: Spieler 5, der in Richtung des Elfmeterpunktes gestartet ist, bekommt den Ball vom Freistoßschützen in den Rückraum flach zugespielt und versucht, sein Zuspiel direkt aufs Tor abzuschließen.

Mannschafts- und Gruppentraining mit dem Fokus auf Abwehr- und Angriffsverhalten

7 gegen 5:

Bei der Mannschafts- und Gruppenübung „7 gegen 5“ spielen sieben Angreifer gegen fünf Verteidiger auf einem halben Erwachsenenspielfeld, wobei die verteidigende Mannschaft zusätzlich mit Torhüter spielt. Die verteidigende Mannschaft stellt sich zu Beginn mittig in der eigenen Spielfeldhälfte, kurz vor der Mittellinie, mit einer defensiven Viererabwehrkette und einem Sechser vor der Kette auf. Ihre Aufgabe ist es, im Kollektiv zu verschieben und das Tor mit dem Torhüter erfolgreich zu verteidigen. Die angreifende Mannschaft spielt genau wie die verteidigende Mannschaft auch mit einer Viererkette, die sich aus vier Mittelfeldspielern zusammensetzt. Vor der angreifenden Viererkette stehen außerdem zwei zentrale Stürmer.

Sobald einer der beiden zentralen Mittelfeldspieler den Ball berührt, eröffnet die offensive Mannschaft das Tempospiel. Wenn die verteidigende Mannschaft den Ball erobert, kann sie einen Konter über die Mittellinie ausspielen.

Damit die verteidigende Mannschaft im Unterzahlspiel gegen die angreifende Mannschaft bestehen kann, sollten folgende Grundregeln eingehalten werden:

- In erster Linie muss die verteidigende Mannschaft darauf achten, **das Zentrum zu sichern**. Die Verteidiger sollten sich keinesfalls von den Angreifern aus der Viererkette herauslocken lassen, da die reine Verteidigung des Tores bei einem Unterzahlspiel entscheidend ist. Ist der ballnahe Verteidiger jedoch gezwungen, aus der Kette herauszutreten, um auf den Gegner Druck auszuüben, sollten sein linker und rechter Mitspieler entsprechend tief einrücken und absichern.
- Die Viererkette muss zu jeder Zeit **kompakt stehen**, wobei die Abstände zu- und untereinander eingehalten werden müssen, um einen gegnerischen Pass in die Lücke zu verhindern und sich gegenseitig zu unterstützen.
- Die Verteidiger müssen sich untereinander **Rückendeckung** geben und auf die **Tiefensicherung** (siehe Punkt 1) achten, um einen Pass der angreifenden Mannschaft in den Rücken der Abwehrkette zu unterbinden. Neben der Tiefensicherung der anderen Verteidiger sollte auch der Torwart als sechster Spieler immer aktiv mitspielen.

Variation: Die individuellen Spielsysteme werden verändert, um sich im Zweifelsfall auf eine abweichende gegnerische Taktik einzustellen.

Mannschafts- und Gruppentraining mit dem Fokus auf Abwehr- und Angriffsverhalten

8 gegen 4:

Für die Mannschafts- und Gruppenübung „8 gegen 4" wird zu Beginn ein 40 x 40 Meter großes Spielfeld aufgebaut und es werden drei Teams mit jeweils vier Spielern eingeteilt, wobei jeweils zwei Teams gemeinsam gegen ein drittes Team antreten. Aufgabe des Teams, das in Unterzahl antritt, ist es, den Ball von den beiden anderen Teams zu erobern. Konnte das Unterzahlteam den Ball sicher behaupten, wechselt es mit der Mannschaft, die den Ballverlust verschuldet hat. Das Team, das den Ball verloren hat, spielt anschließend im Unterzahlspiel gegen das Team, das den Ball erobert hat und nun wiederum mit dem anderen Viererteam zusammenspielt.

Tipp für die Mannschaft in Unterzahl:
Für die in Unterzahl spielende Mannschaft ist es wichtig, dem Ball im Spiel nicht blind nachzujagen, sondern stets gestaffelt und kompakt zu stehen, um dadurch mögliche Lücken auf dem Feld sowie innerhalb der Kette zu schließen und eine Pressingfalle einzuleiten.

Definition: Pressingfalle
Eine **Pressingfalle** meint dabei die Provokation einer gegnerischen Aktion in einer gewissen Zone. Mit einer Pressingfalle zwingt das Team in Unterzahl die Teams in Überzahl, den Ball über die eigenen Mitspieler aus einem Spielbereich, der zugepresst wurde, über kurze Pässe auf dem Feld zu verlagern.

Variation: Das Überzahlspiel kann auf die entsprechende Spieleranzahl angepasst werden, sodass die Übung auch im 4 gegen 2 oder im 6 gegen 3 gespielt werden kann.

Ausblick: Spielintelligenz weiterführend stimulieren & fördern

MOTIVATION

Motivation ist einer der wichtigsten Aspekte im Fußball, denn wer nicht motiviert ist, kann auch nicht alles geben und sich nicht zu 100 Prozent für sein Team aufopfern. In der Regel sind Kinder von Natur aus neugierig und energiegeladen, sodass sie gerne neue Dinge ausprobieren und alle Facetten des Fußballs kennenlernen möchten. Zwei der Hauptmotivationsfaktoren für Kinder im Fußball sind dabei die Freude und der Spaß am Spiel. Sie genießen die Zeit an der frischen Luft, lieben die Bewegung, lernen gerne Neues kennen, schließen Freundschaften und möchten Teil des Teams sein. Für viele Kinder sind dabei vor allem die Gemeinschaft und die Zusammenarbeit im Team wesentliche Komponenten, um sich dem Fußball zu widmen.

Außerdem werden Kinder oftmals von ihrem inneren Bedürfnis angetrieben, ihre Fähigkeiten zu entwickeln und zu verbessern. Kinder sind ehrgeizig und bestrebt, ihre Leistung zu steigern. Schon in jungen Jahren setzen sie sich viele verschiedene Ziele und wollen so zum Beispiel unzählige Tore schießen, schnell sprinten können und neue Tricks lernen. Durch das Erreichen ihrer Ziele steigern sie dabei nicht nur ihr Selbstvertrauen, sondern spüren auch ein Gefühl der Erfüllung und der anhaltenden Motivation.

Definition: Motivation
Grundsätzlich meint der Terminus Motivation die **Summe all unserer bewussten sowie unbewussten Beweggründe**, die eine Handlung oder eine Entscheidung beeinflussen.

Aus psychologischer Perspektive wird zudem von einem energetischen und emotionalen Prozess gesprochen, der ein bestimmtes Verhalten entweder initiiert, stoppt oder beibehält. Damit bestimmt die Motivation also unser gesamtes Streben nach individuellen Zielen. Unsere Antriebskräfte stammen dabei aus **intrinsischen** (inneren) oder **extrinsischen** (äußeren) Quellen. Um diese Energie zunächst in realistische Ziele und später in Resultate umwandeln zu können, benötigen wir neben der Motivation außerdem noch **Willenskraft**, um Erfolgserlebnisse verzeichnen zu können.

Intrinsische Motivation

Mit dem Terminus **intrinsische Motivation** werden **Verhaltensweisen** beschrieben, die auf einem **innerlichen Anreiz** beruhen und sich durch eine aufrichtige Freude an der Aufgabe bzw. Handlung selbst auszeichnen. Im Gegensatz zur extrinsischen Motivation braucht die intrinsische Motivation **keinerlei externe Einflüsse**, um sich auszubilden, weshalb diese Form der Motivation auch als **selbst entstehende Motivation** bezeichnet wird.

Extrinsische Motivation

Unter der extrinsischen Motivation werden bestimmte **Verhaltensweisen** verstanden, die aufgrund von **extrinsischen (äußeren) Anreizen** hervorgerufen werden. Damit handelt es sich bei der extrinsischen Motivation also um ein Verhalten, das **auf externen Faktoren beruht**. Wird eine Person also von extrinsischer Motivation angetrieben, macht sie Aufgaben oder Handlungen nicht aufgrund von persönlicher Freude, sondern vielmehr deshalb, weil sie von äußeren Einflüssen angetrieben wird. Die äußeren Einflüsse lassen sich dabei in drei Kategorien unterteilen:

- der Wunsch nach Anerkennung,
- der Wunsch nach Belohnung,
- die Vermeidung einer Bestrafung.

In der Regel ist der Effekt der Anerkennung oder der äußerlichen Belohnung jedoch vergänglich, weshalb die intrinsische Motivation langanhaltender als die extrinsische Motivation ist, deren Treibstoff immer wieder neu aufgefrischt werden muss. Menschen, die von intrinsischer Motivation angetrieben werden, machen gewisse Dinge hingegen, weil sie ihnen Freude bereiten und weil sie diese als sinnvoll erachten und nicht, weil sie dabei eine bestimmte Reaktion von außen erwarten.

In Vereinen lässt sich immer wieder beobachten, dass gerade Fußballanfänger sehr motiviert und bestrebt sind, neue Fähig- und Fertigkeiten zu erlernen. Da Trainer gerade bei Fußballanfängern auf sehr unterschiedliche Voraussetzungen treffen, benötigen sie für die Anfänge der Spielerausbildung viel Geduld und sollten niemals die Hoffnung aufgeben, dass einige Spieler ihre Fähigkeiten im Laufe der Zeit noch verbessern können.

Mit zunehmendem Alter und dem Übergang in höhere Altersklassen fällt die Motivation vieler Spieler dann plötzlich ab und andere Dinge rücken in den Mittelpunkt ihrer Aufmerksamkeit. Auf der einen Seite werden die Anforderungen in höheren Altersklassen anspruchsvoller und intensiver und für einige Spieler kann es schwierig werden, sich in der Mannschaft zu behaupten. Auf der anderen Seite nimmt der Fokus auf die Ergebnisse und die Leistung zu, sodass der Druck, Spiele zu gewinnen, immer stärker wird und es zu einer größeren Konkurrenzmentalität kommen kann. In der Folge kann diese

Konkurrenzmentalität natürlich dazu führen, dass einige Spieler ihre Motivation verlieren, wenn sie sich permanent mit Mitspielern messen müssen und womöglich nicht die gewünschten Ergebnisse erzielen.

Außerdem kann die Motivation der Spieler auch durch äußere Faktoren wie fehlende Unterstützung, Verletzungen, Stress oder übermäßigen Druck beeinträchtigt werden. Dabei könnten sich einige Spieler entmutigt fühlen, wenn sie entweder nicht den erwarteten Fortschritt machen oder sich mit Schwierigkeiten konfrontiert sehen. Darüber hinaus kann die Motivation vieler Spieler aber auch aufgrund der andauernden Pubertät nachlassen, da diese eine Vielzahl an Herausforderungen und andere Prioritäten mit sich bringt. Die intrinsische Motivation der Spieler wird zunehmend von der extrinsischen Motivation verdrängt und viele Spieler kommen nur zum Training, weil ihre Eltern es ihnen sagen oder weil sie nur dann anderen außerschulischen Aktivitäten nachgehen dürfen.

Obgleich permanente Motivation ein schöner Gedanke ist, ist es gleichzeitig eine Illusion. Denn niemand ist immer top motiviert und Motivation verläuft zumeist zyklisch. Es gibt Momente oder Lebensphasen, in denen man motivierter ist als in anderen. Insbesondere in der Pubertät ist temporäre Demotivation bzw. die Verlagerung der Motivation und Priorisierung anderer Dinge vollkommen normal, denn jeder Spieler hat währenddessen mit ganz eigenen Problemen und Herausforderungen zu kämpfen. Nichtsdestotrotz ist es wichtig, dass Trainer und Eltern die Motivation der Kinder unterstützen, indem sie Einzelgespräche suchen, ein positives Umfeld schaffen und den Spielern Verantwortung übertragen. Sie sollten dazu ermutigt werden, ihren ganz eigenen Zielen nachzugehen, Herausforderungen anzunehmen, aus Fehlern zu lernen und ihre Erfolge und Fortschritte zu feiern.

Daneben können auch Gespräche untereinander und der gemeinsame Austausch über die Anforderungen des Erwachsenenwerdens wie Balsam für die Seele sein, der den Spielern nicht nur Mut und Hoffnung schenkt, sondern sie auch wissen lässt, dass sie mit ihren Sorgen nicht allein sind und dass sie sich auf ihre Mannschaft verlassen können. Gemeinsame Aktivitäten und Erlebnisse im Team können dabei nicht nur für persönliche Glücksmomente sorgen und die Motivation der Spieler steigern, sondern auch den Teamgeist fördern. Durch eine positive und unterstützende Atmosphäre im Team können die einzelnen Spieler also nicht nur motiviert bleiben, sondern auch ihre Leidenschaft für den Fußball aufrechterhalten.

Teamgeist

Obgleich immer wieder einzelne Spieler durch ihre Spielintelligenz und technischen Nuancen auf dem Spielfeld ins Auge fallen, ist und bleibt Fußball ein Mannschaftssport, bei dem jedes Team nur so stark wie ihr schwächster Spieler ist. Eine Fußballmannschaft kann nur dann große Erfolge feiern, wenn die Mitspieler sowohl auf als auch neben dem Platz als Einheit funktionieren und sich gegenseitig den Rücken stärken. Der Torhüter mag zwar einen Ball nach dem anderen halten und Gegentore somit erfolgreich verhindern, wenn seine Abwehrkette die Gegner jedoch immer wieder zum Schuss kommen lässt und gefährliche Angriffssituationen vor dem eigenen Tor zulässt, wird auch der beste Torhüter irgendwann einen Ball ins Netz fliegen lassen. Spielen sich brenzlige Situationen nur vor dem eigenen Tor ab und ist die Viererkette nicht in der Lage, einen offensiven Gegenangriff zu starten und ihren eigenen Angreifern den Ball zuzuspielen, kann auch der technisch stärkste Mittelstürmer, der seine Gegner normalerweise mit einer Finte nach der anderen austanzt, nicht viel ausrichten. Eine Mannschaft kann nur dann erfolgreich sein, wenn alle Spieler als Kollektiv funktionieren und gewillt sind, auch die Fehler ihrer Mitspieler mit Leidenschaft, Herzblut und Einsatz zu kompensieren.

Teamgeist ist jedoch weder eine Selbstverständlichkeit noch eine grundlegende Eigenschaft, die Mannschaften schon in jungen Altersklassen von Natur aus mit sich bringen. Vielmehr muss wahrer Teamgeist intensiv und über einen längeren Zeitraum erarbeitet werden. Nur mit Geduld, Disziplin, Bereitschaft und Aufopferung können junge Teams ein Mannschaftsklima schaffen, in dem sich jeder einzelne Spieler wohlfühlt und er selbst sein kann.

Die Grundlage eines guten und stabilen Teamspirits ist immer gegenseitiges Vertrauen, wobei die Herausforderung von gegenseitigem Vertrauen ganz klar darin liegt, dass sich dieses erst mit der Zeit und infolge von gemeinsamen Erlebnissen und Erfahrungen entwickelt. In erster Linie sind es dabei natürlich gemeinsame Momente auf dem Platz, die die Spieler untereinander enger zusammenschweißen lässt, doch auch andere spaßige Aktivitäten und Ausflüge können dazu beitragen, dass die Kinder sich besser kennenlernen, die Stimmung innerhalb der Mannschaft verbessert wird und sich die Spieler zunehmend vertrauen. Mit gegenseitigem Vertrauen einher geht darüber hinaus die Kommunikation, die ein zweites zentrales Instrument jedes Teamentwicklungsprozesses ist. Gerade im Fußball müssen komplexe und anspruchsvolle Aufgaben innerhalb des Teams schnell und effizient gelöst werden, um als harmonische Einheit auf dem Platz funktionieren zu können. Darüber hinaus trägt die Kombination aus gegenseitigem Vertrauen und einer positiven und ehrlichen Kommunikation untereinander zweifellos dazu bei, dass sich die Spieler gegenseitig akzeptieren, respektieren und motivieren, wodurch wiederum grundlegende Voraussetzungen für den Teamzusammenhalt geschaffen werden. Aus Perspektive des Trainers ist es wichtig, sich bereits vor Saisonbeginn Gedanken darüber zu machen, wie sich seine Mannschaft künftig zusammensetzt und ob neue Spieler die Werte des Teams vermitteln können. Bereits vom ersten Training der neuen Saison an muss der Trainer aus seinen individuellen Spielern eine Einheit formen, in der natürlich jeder seine individuellen Stärken abrufen, sein Potential entfalten und dieses in die Mannschaft einbringen kann. Gleichzeitig muss aber jeder Spieler auch dazu bereit sein, sich leidenschaftlich für sein Team aufzuopfern und, mit Blick auf langfristige Ziele, gegebenenfalls persönliche Interessen hintanzustellen. Gerade in den Altersklassen heranwachsender Jungs und Mädchen bringt die wichtige Säule des Teamgeistes oftmals einige Herausforderungen mit sich und es ist nicht immer einfach, die unterschiedlichen Charaktere sowie die verschiedenen Meinungen der Spieler, die sich während ihrer Pubertät mit so vielen Dingen konfrontiert sehen, unter einen Hut zu bekommen.

Obgleich in jüngeren Altersklassen auch beim Teambuilding und Kennenlernen Spiel, Spaß und Freude an erster Stelle stehen sollten und bereits von Beginn an ein wichtiges Fundament gegenseitigen Vertrauens gelegt werden sollte, ist Teambuilding vor allem in den Altersklassen heranwachsender Teenager nicht immer die leichteste Aufgabe. Einigen Spieler ist dabei oftmals gar nicht bewusst, dass alle Spieler voneinander abhängig sind und sich auf den jeweils anderen verlassen müssen, um ihr gemeinsames Ziel zu erreichen. Erst dann, wenn jeder Spieler den Wert und die Leistung seiner Mitspieler zu schätzen weiß und die gegenseitige Abhängigkeit und die Notwendigkeit des Vertrauens anerkennt, kann aus einem bunt zusammengewürfelten Haufen ein echtes Team entstehen.

Taktik

Die Schulung der Taktik gehört zu den vier Dimensionen der Förderung von Fußballkönnen und ist sowohl für den Kinderfußball als auch für den Fußball in höheren Altersklassen maßgebend. In der Regel ist die Einführung erster taktischer Grundlagen bei den Bambinis zwar noch nicht sinnvoll, jedoch sollten diese in der E-Jugend gelegt und mit Eintritt in die D-Jugend wieder aufgegriffen und vertieft werden. Bei jüngeren Spielern liegt der Fokus des Taktiktrainings dabei auf dem Verständnis von grundlegenden taktischen Prinzipien, zu denen beispielsweise der Raumgewinn, die Positionierung und das Zusammenspiel gehören. Dabei sollten Kinder in erster Linie lernen, wie sie sich gemeinsam im Team organisieren und ihre Positionen auf dem Feld halten können. Die Entwicklung der taktischen Fähigkeiten ist dabei eng mit der Entwicklung kognitiver Fähigkeiten verknüpft, da Kinder lernen müssen, wichtige Entscheidungen zu treffen und das Spiel richtig zu lesen.

Nachdem die ersten taktischen Grundlagen in jüngeren Altersklassen gelegt worden sind, können sich Trainer in höheren Altersklassen auf dieses Fundament stützen. Durch regelmäßig besprochene und angewendete Spielzüge, Spielabläufe im und gegen den Ball, Pressingfallen und taktische

Feinheiten können sie dann an dem vorausgegangenen taktischen Grundlagentraining anknüpfen und ihren Spielern dabei helfen, sich den neuen Herausforderungen, die sich in Bezug auf die Taktik und die Spielintelligenz in höheren Altersklassen ergeben, zu stellen. Darüber hinaus wird der zentrale Stellenwert der Spielintelligenz in höheren Altersklassen immer offensichtlicher. Die Spieler müssen zunehmend dazu in der Lage sein, das Spielgeschehen vorauszusagen, die Bewegungen von Gegnern und Mitspielern zu analysieren, sich selbst, den Ball und die Spielsituation wahrzunehmen und schnelle sowie weise Entscheidungen zu treffen. Dabei stellen der Wettbewerb und die Spielintensität in höheren Altersklassen die heranwachsenden Spieler unter zusätzlichen Druck und bringen immer wieder neue Herausforderungen (z. B. stärkere Mannschaften, schnellere und kräftigere Gegner, Konkurrenzkampf innerhalb der eigenen Mannschaft) mit sich, die es zu bewältigen gibt. Die Spieler müssen nun taktisch flexibel sein und sich auf die jeweilige Spielsituation individuell sowie gemeinsam in der Mannschaft einstellen und sich, wenn nötig, auch taktisch während des Spiels anpassen können. Die taktische Entwicklung und die Ausbildung der Spielintelligenz sind zweifellos kontinuierliche Herausforderungen, denen sich die Spieler jeder Altersklasse stellen müssen. Das Erlernen erster grundlegender taktischer Prinzipien in jungen Jahren legt dabei die Grundlage, um auch in höheren Altersklassen komplexere taktische Anforderungen bewältigen zu können. Dabei sind das Verständnis von unterschiedlichen Spielkonzepten, Spielabläufen, Spielzügen, die Entwicklung der Spielintelligenz sowie die Fähigkeit, sich taktisch anzupassen, entscheidende Faktoren, um den Anforderungen gerecht werden zu können und um im Fußball Erfolg zu haben.

Auf einen Blick: neue Herausforderungen im Jugendalter

- Anknüpfung an taktische Grundlagen aus jüngeren Altersklassen
- Vertiefung der taktischen Grundlagen durch regelmäßig besprochene und angewendete taktische Prinzipien
- erste taktische Basics in der E-Jugend, die ab der D-Jugend wieder aufgegriffen werden
- neue taktische Herausforderungen in höheren Altersklassen und Entwicklung taktischer Fähigkeiten unter Druck:
    - Vorhersagen des Spielgeschehens, Verständnis von unterschiedlichen Spielkonzepten, Spielabläufen und Spielzügen
    - Entwicklung der Spielintelligenz, Analyse der Bewegungen von Mitspielern und Gegnern
    - Wahrnehmung der eigenen Person, des Balls sowie der Spielsituation
    - Treffen von schnellen und weisen Entscheidungen
    - taktische Flexibilität, individuelle taktische Anpassung sowie gemeinsames taktisches Anpassen während des Spiels

Athletik

Das Athletiktraining gehört zu den grundlegenden Dimensionen im Fußball und nimmt neben der Taktik und der Technik einen hohen Stellenwert ein. Insbesondere für Kinder ist die Entwicklung athletischer Fähigkeiten dabei entscheidend, da diese die Grundlage für eine gute körperliche Leistungsfähigkeit legen. Im Fußball gibt es verschiedene athletische Fähigkeiten, die von großer Bedeutung sind. Hierzu zählen in erster Linie Ausdauer, Schnelligkeit, Koordination, Kraft und Beweglichkeit. Im direkten Vergleich zu Erwachsenen haben Kinder oftmals natürliche körperliche Vorteile, wie Flexibilität und ein hohes Energielevel, die es ihnen ermöglichen, schnell zu lernen, sich anzupassen und sich im Spiel zu bewegen. Dabei hilft vor allem die spielerische Natur des Fußballs den Kindern, ihre athletischen Fähigkeiten auf spielerische Art und Weise kennenzulernen, zu entwickeln und natürlich auch zu verbessern.

Genau wie in den anderen Grundlagenbereichen des Fußballs treten mit dem Übergang in höhere Spielklassen und damit einhergehend auch in intensivere Wettkämpfe neue Herausforderungen auf, die von den heranwachsenden Spielern bewältigt werden müssen. Die Spieler gegnerischer Mannschaften sind nun stärker, schneller und wendiger als zuvor, wodurch nicht nur die Zweikämpfe in Punktspielen schwieriger werden, sondern auch das gesamte Spiel viel Ausdauer, Kraft und Schnelligkeit von den Kindern abverlangt. Neben den mentalen Anforderungen nehmen auch die körperlichen Ansprüche sukzessiv zu, sodass die Spieler ihre athletischen Fähigkeiten weiterentwickeln müssen, um mit anderen Fußballern und Teams mithalten zu können. Im Zuge dessen treffen die Heranwachsenden auf so einige Herausforderungen, denen sie sich im Laufe der Jahre stellen müssen:

Die physische Entwicklung

Jugendliche durchleben während der Pubertät eine Phase des Wachstums und der körperlichen Veränderungen, was zu einem Ungleichgewicht in der Athletik führen kann, denn nicht jeder Spieler wächst und entwickelt sich gleich schnell. Die Spieler müssen deswegen lernen, einerseits mit den Veränderungen selbst umgehen zu können und andererseits ihre athletischen Fähigkeiten ihrem körperlichen Wachstum entsprechend anzupassen.

Beispiele für physische Veränderungen

- Körperwachstum
- verstärktes Wachstum von Körperbehaarung
- Veränderung des Hautbildes, z. B. durch Pickelbildung
- Brustwachstum, Regelblutung
- Stimmbruch
- Ausreifung der Geschlechtsorgane

Die mentale Stärke

Siege oder Niederlagen werden oftmals der Mentalität der Spieler zugeschrieben, die neben der physischen Leistungsfähigkeit von immenser Bedeutung ist. Gerade in höheren Altersklassen, bedingt durch das intensivere Spiel und private Herausforderungen, kann der Erfolgs- und Leistungsdruck enorm zunehmen. Aus diesem Grund müssen die Spieler in der Lage sein, mit Druck umzugehen, Selbstvertrauen aufzubauen und sich auf ihre eigenen Ziele fokussieren zu können.

Beispiele für mentale Kompetenzen, die Spieler benötigen

- Mut
- Risikobereitschaft
- Disziplin
- Ehrgeiz
- Selbstbewusstsein
- Selbstsicherheit
- Durchsetzungsvermögen
- Konzentrationsvermögen

Die Spezialisierung

In höheren Altersklassen werden Spieler zunehmend dazu ermutigt, sich auf eine bestimmte Rolle im Team oder auf eine bestimmte Position auf dem Feld zu spezialisieren. Diese Spezialisierung erfordert wiederum eine gezielte Entwicklung athletischer Fähigkeiten, die für die jeweilige Position wichtig sind. So sollten Stürmer im Athletiktraining besonderen Fokus auf die Wendigkeit und Schnelligkeit legen. Mittelfeldspieler benötigen Zweikampfstärke, Schnelligkeit, Handlungsschnelligkeit und eine gute Ausdauerleistung und Verteidiger sollten nicht nur eine ausgezeichnete Zweikampfstärke, Kraft und Schnelligkeit besitzen, sondern benötigen auch eine gute Koordination mit dem Torhüter, der wiederum eine schnelle Reaktionsfähigkeit, Beweglichkeit sowie eine explosive Sprungkraft braucht. Nichtsdestotrotz sind natürlich alle athletischen Fähigkeiten für jede Position wichtig und sollten von allen Spielern beherrscht und optimiert werden. Dafür müssen die Spieler gezielt und hart trainieren, um dadurch nicht nur ihre individuellen Stärken maximieren, sondern auch ihre individuellen Schwächen minimieren und verbessern zu können.

Das Training und die Vorbereitung

Das Training und die Spielvorbereitung werden in höheren Altersklassen oftmals anspruchsvoller und intensiver. Um dabei mithalten zu können, benötigen die Spieler nicht nur eine gute Trainingsdisziplin, sondern müssen auch bereit dafür sein, hart an sich selbst zu arbeiten, um ihre individuellen athletischen Fähigkeiten verbessern zu können. Im Zuge dessen ist eine gute Vorbereitung im Training sowie in den Spielen zentral, denn nur so kann die körperliche Leistungsfähigkeit der Spieler auf einem hohen Niveau gehalten werden.

Die Verletzungsprävention

Mit zunehmender Spielintensität sowie körperlichen Anforderungen steigt parallel dazu auch das Verletzungsrisiko im Spiel an. Nicht zuletzt aus verletzungspräventiver Sicht müssen die Spieler also lernen, ihre körperliche Grundfitness sowie ihre Technik zu verbessern, um Verletzungen aktiv vorbeugen zu können. Voraussetzung dafür ist neben einer starken Muskulatur eine ausreichende Flexibilität und Mobilität sowie eine gesunde und ausgewogene Ernährung.

In der Summe sind die athletischen Anforderungen im Kinder- und Jugendfußball von zentraler Bedeutung. Im Zuge dessen sollten Kinder in den jüngeren Altersklassen dazu ermutigt werden, ihre individuellen athletischen Fähigkeiten spielerisch zu entwickeln, wohingegen Jugendliche in höheren Altersklassen daran arbeiten sollten, ihre athletischen Grundlagen sowie ihre Leistungsfähigkeit kontinuierlich weiterzuentwickeln, um den steigenden Anforderungen gerecht werden zu können. Mit einer ausgeglichenen Kombination aus Training, Vorbereitung, Verletzungsprävention, mentaler Stärke, Spezialisierung und physischer Weiterentwicklung steht dem Erfolg im Fußball jedoch nichts mehr im Weg.

Auf einen Blick: neue Herausforderungen im Jugendalter

- Entwicklung der Athletik als Grundlage für gute körperliche Leistungsfähigkeit
- kontinuierliche Weiterentwicklung athletischer Fähigkeiten
- neue Herausforderungen in höheren Altersklassen, die von den Spielern bewältigt werden müssen:
  - mentale Anforderungen
  - körperliche Ansprüche
  - physische Entwicklung läuft nicht bei jedem Spieler parallel
  - anspruchsvolleres Training sowie Vorbereitung
  - erhöhtes Verletzungsrisiko

TECHNIK

Im Fußball spielt natürlich auch die Technik der Spieler und ihr Umgang mit dem Ball eine entscheidende Rolle. In jüngeren Altersklassen liegt der Schwerpunkt des Techniktrainings dabei zunächst auf dem Erlernen grundlegender Techniken und Fähigkeiten, wie Dribbeln, Passen und Schießen, die durch spielerische Übungen und wiederholtes Training erlernt und verbessert werden. Das Techniktraining sollte bei sehr jungen Spielern langsam ins Training integriert werden, damit die Kinder die neuen Bewegungsmuster bewusst und nachhaltig verinnerlichen können. Die ersten technischen Grundlagen und Fertigkeiten können dabei ab dem Eintritt in die E-Jugend vermittelt werden, wobei die Kinder immer ausreichend Möglichkeiten haben sollten, um neue Techniken spielerisch zu üben und zu erlernen.

Mit dem Fortschreiten in höhere Altersklassen werden die Spieler dann sukzessiv vor neue Herausforderungen gestellt, wobei die technischen Anforderungen an die Spieler immer komplexer werden. Grundsätzlich sollten die ersten technischen Basics aus der E-Jugend ab der D-Jugend wieder aufgegriffen und von da an immer mehr gefestigt werden, sodass die Spieler ihre technischen Fähigkeiten in den unterschiedlichsten Spielsituationen anwenden, diese auch unter Druck abrufen und sich auf verschiedenen Positionen auf dem Feld spezialisieren können.

Die technische Entwicklung von Spielern ist ohne Zweifel eine andauernde Herausforderung, wobei grundlegende Techniken bereits in jungen Jahren gelegt werden müssen, damit diese in höheren Altersklassen als Grundlage zur Bewältigung von komplexen technischen Anforderungen dienen können.

In der Summe sind jedoch nicht nur die technischen Fähigkeiten eines Spielers entscheidend, sondern vielmehr das Zusammenspiel aus Technik, Taktik, Athletik, Mentalität, Spielintelligenz, Motivation und Teamgeist, um den Anforderungen im Fußball gerecht zu werden und um nachhaltig erfolgreich zu sein.

Auf einen Blick: neue Herausforderungen im Jugendalter

- Anknüpfung an technische Grundlagen aus jüngeren Altersklassen und Vertiefung der technischen Grundlagen
- erste technische Basics aus der E-Jugend sollten ab der D-Jugend wieder aufgegriffen werden
- neue technische Herausforderungen in höheren Altersklassen und Entwicklung technischer Fähigkeiten unter Druck:
  - Anwendung technischer Fähigkeiten in unterschiedlichen Spielsituationen
  - Spezialisierung auf verschiedene Positionen auf dem Feld

Bonus: Torhüterentwicklung – von klein auf

Die Rolle des Torhüters in der Kindermannschaft

Der Torhüter nimmt in jeder Fußballmannschaft eine **zentrale Schlüsselrolle** für den Erfolg des Teams ein, da er mit seiner Leistung das Spielergebnis in großem Maße beeinflusst. Während des Spiels ist der Torhüter der **sichere Hafen** für seine Mitspieler, der Ruhe und Zuversicht ausstrahlt und die Leistungen seiner Teamkollegen damit positiv beeinflussen sollte. Dadurch steht der Torhüter oftmals im Mittelpunkt dramatischer, spektakulärer und spielentscheidender Situationen und findet sich häufig auch im Zentrum zahlreicher hitziger Diskussionen nach dem Spiel wieder. Nach guten Leistungen werden Keeper beglückwünscht, bei zufriedenstellenden Leistungen jedoch manchmal auch beschuldigt.

Eine der wichtigsten Aufgaben jedes Torhüters ist es, **das eigene Tor zu verteidigen** und **Gegentore zu verhindern**. Um den gegnerischen Schuss abwehren und Tore somit verhindern zu können, müssen Torhüter ihre **Position im Tor richtig einschätzen** können und eine **schnelle Reaktion** zeigen. Durch das Erlernen von grundlegenden Techniken, zu denen das Fangen, das Fausten sowie die Abwehr von Bällen gehören, entwickeln Kinder ihre Fähigkeiten als Keeper im Laufe der Zeit automatisch. Das Erlernen der richtigen Technik ist hierbei jedoch nicht nur wichtig, um den eigenen Kasten zu verteidigen, sondern auch, um **Verletzungen zu vermeiden**.

Daneben obliegt dem Torhüter aber auch die Aufgabe, das **Spiel zu lesen** und die **Verteidigung seiner eigenen Mannschaft zu organisieren**. Auf dem Spielfeld ist der Torhüter nämlich nicht nur der einzige Spieler, der den Ball nicht nur mit seinem Fuß, sondern auch mit seinen Händen berühren darf, sondern auch der letzte Spieler auf dem Platz und durch seine Stellung somit in der Lage, das **Spielgeschehen zu beobachten** und seine Mitspieler durch verbale sowie physische Kommunikation **anzuleiten** und **zu führen**. Ein guter Torhüter erkennt gefährliche Situationen **frühzeitig** und kann seine Verteidigung effektiv **organisieren** und Gegentore somit verhindern.

Beispielsituation:
Die gegnerische Mannschaft unternimmt einen Offensivangriff. Der Torhüter ist der letzte Spieler auf dem Platz und hat somit den optimalen Überblick über das gesamte Spiel. Durch physische Kommunikation kann er seine Mitspieler auf die Abstände zwischen den beiden Viererketten hinweisen, das Verschieben der Ketten auf eine Seite organisieren und auf freistehende Gegenspieler in Lücken und Räumen sowie auf freistehende Gegenspieler hinter dem Rücken eigener Mitspieler hinweisen.

Darüber hinaus bietet die Rolle des Torhüters auch die wundervolle Möglichkeit für **persönliche Entwicklung und Wachstum**. Die Kinder lernen schon früh, **Verantwortung** zu übernehmen und in ihre eigenen Fähigkeiten zu **vertrauen**. Als letzter Spieler auf dem Feld ist der Torwart oftmals großem Druck ausgesetzt, Tore zu verhindern und Spiele zu gewinnen. Diese Drucksituationen können ihm jedoch dabei helfen, **Stressbewältigungsfähigkeiten** zu entwickeln und seine **mentale Stärke** zu verbessern. Grundsätzlich sollten Torhüter eine **selbstbewusste, ruhige und ausgeglichene Persönlichkeit** besitzen und neben ihren physischen, technischen, taktischen, kognitiven und visuellen Fähigkeiten auch mit ihrer mentalen Stärke überzeugen und dem Team den Rücken stärken.

Eine selbstbewusste und starke Persönlichkeit kann dabei nicht nur für den Torwart und seine Mannschaft positiv sein, sondern auch dazu führen, Gegenspieler beim Angriff zu verunsichern, sodass sich diese mehr auf den Keeper als auf ihre eigenen Angriffsaktionen konzentrieren. Im Gegensatz zu selbstsicheren Keepern beeinflussen nervöse und unsichere Torhüter, die, aufgrund ihrer Unzulänglichkeiten und Fehler, unentschlossen agieren und nur langsam Entscheidungen treffen können, die Leistung ihrer Mitspieler jedoch negativ, sodass diese weniger Risikobereitschaft in der Offensive zeigen.

Beispielsituation:
Ein Gegenspieler greift aufs Tor an und wird dabei von der selbstbewussten und starken Persönlichkeit des Torhüters, die Ruhe, Zuversicht und Sicherheit ausstrahlt, verunsichert, sodass dieser Dribbelfehler macht, den Ball verliert oder nur unsicher aufs Tor abschließt. Steht der Angreifer jedoch einem unsicheren und nervösen Torhüter gegenüber, der bereits in den vergangenen Minuten des Spiels Fehler gemacht hat, stärkt das den Angreifer in seinen eigenen Fähigkeiten, macht ihn selbstsicherer und entschlossener und er weiß, dass seine Erfolgschancen bei diesem Torhüter größer sind.

Im Spiel ist der Torhüter oftmals der entscheidende Schlüsselspieler, der auf dem schmalen Grat zwischen Heldentum und Misserfolg umherwandelt. Auf seinen Schultern lastet große Verantwortung, die diese Position sowohl auf dem Spielfeld als auch innerhalb des Teams so wichtig, einzigartig und bedeutend macht und schon Torhüter in Kindermannschaften zu einem der entscheidendsten Spieler heranwachsen lässt.

Damit ein Torhüter seiner wichtigen Schlüsselrolle im Team nachkommen und seine Aufgaben erfolgreich lösen kann, müssen dieselben vier Teilbereiche trainiert werden, die auch im Training der Feldspieler im Fokus stehen:

- Athletik
- Technik
- Mentale Faktoren
- Taktik/Spielintelligenz

Die einzelnen Fertigkeiten lassen sich dabei folgendermaßen in den vier Teilbereichen des Fußballs verorten:

Athletik	• Reaktions- und Aktionsschnelligkeit • Beweglichkeit und Gewandtheit • Sprungkraft • Ausdauer • körperliche Grundfitness
Technik	• Fangen von flachen, hohen und halbhohen Bällen • Blocken bzw. Fausten von flachen, hohen und halbhohen Bällen • Hechten, Abspringen und Landen • Abwurf, Abschlag und Weiterleitung des Balls mit der Hand und dem Fuß (Spielaufbau)
Mentale Faktoren	• Konzentrationsvermögen • Selbstbewusstsein und Selbstsicherheit • Durchsetzungsvermögen • Risikobereitschaft und Mut • Einsatzbereitschaft • Motivation und eine positive Grundeinstellung
Taktik/ Spielintelligenz	• optimales Stellungsspiel in verschiedenen Positionen und bei unterschiedlichen Distanzen • optimales Stellungsspiel bei Pässen und Flanken • optimales Stellungsspiel bei Standardsituationen • das Anleiten der Hintermannschaft • das Verständnis dafür, der erste Angreifer zu sein

Zwischen diesen vier Dimensionen des Fußballs existieren zahlreiche Wechselwirkungen, die in einem spielnahen Torwarttraining Beachtung finden sollten. Dabei zeichnen sich einzelne Torhüter durch bestimmte Eigenschaften aus diesen Teilbereichen aus, bei denen einige mehr und andere weniger stark ausgeprägt sind. So sind einige Keeper geschickter und risikofreudiger, spielen intuitiv und besitzen ausgezeichnete Reflexe, wohingegen andere abgeklärter und zuverlässiger sind, mehr Nervenstärke haben und durch Übersicht und ein kluges Stellungsspiel glänzen. Ausgezeichnete Torhüter müssen jedoch eine Kombination all dieser Eigenschaften vereinen und **wahre Alleskönner** sein.

Torhütertraining

In der Regel stößt das individuelle und separate Torhütertraining sowohl in niedrigen Spielklassen als auch in jüngeren Altersstufen in den meisten Vereinen auf große Hindernisse, da es oftmals entweder an Geld oder an zusätzlichen Trainern mangelt, die den Torhüter schulen könnten. Insofern kein separates Torhütertraining möglich ist, muss der Torwart so gut wie möglich in die Mannschaft und das Mannschaftstraining integriert werden. In keinem Fall darf der Fokus im Fußball nur auf der Ausbildung der Feldspieler liegen, sondern sollte auch die Schulung des Torhüters in den Mittelpunkt der Aufmerksamkeit rücken und die Fähigkeiten des Keepers sukzessiv weiterentwickeln.

Die wichtigsten und zentralsten methodischen Grundsätze jedes Torhütertrainers lassen sich dabei folgendermaßen zusammenfassen:

- Das Torhütertraining muss immer an den Anforderungen des Spiels ausgerichtet werden.
- Im Training darf die Torhüterschulung nicht zu kurz kommen.
- Es muss auf eine spielgemäße Belastungsdosierung geachtet werden.

Da die Fähigkeiten und Fertigkeiten eines modernen Torhüters stark von denen der Feldspieler abweichen und diese speziell innerhalb der Mannschaft trainiert werden müssen, finden sich auf den folgenden Seiten zahlreiche Übungen wieder, die sich für die fußballspezifische Entwicklung eines Torwarts optimal eignen.

Die einzelnen Torhütertechniken im Überblick

Die Grundstellung

Auf folgende Punkte müssen Torhüter dabei insbesondere achten:

- Schulterbreite Aufstellung der Füße
- flexibler und beweglicher Stand auf dem gesamten Fuß
- leichte Beugung in den Kniegelenken mit Verlagerung des Körpergewichts auf die Fußballen
- angewinkelte Arme und zueinander zeigende Handflächen
- Körperspannung

konzentrierter Blick, der auf den Ball gerichtet wird

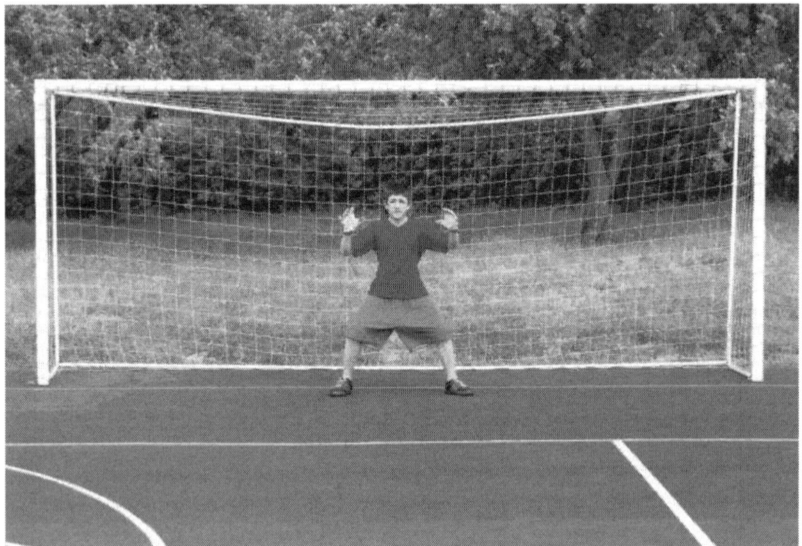

Flache Bälle auf den Torwart

Auf folgende Punkte müssen Torhüter dabei insbesondere achten:

- Sicherung des Balls vor dem Körper
- tiefe Schrittstellung
- Entgegenkommen des Balls mit möglichst gestreckten Armen und Händen
- offene Hände mit eng aneinander liegenden Ellbogen, um ein Durchrutschen des Balls zu verhindern
- Durchdrücken des rechten Knies nach unten bei Bewegungen nach links
- Durchdrücken des linken Knies nach unten bei Bewegungen nach rechts
- Positionierung hinter dem Ball durch kurze, schnelle und seitliche Schritte

Halbhohe Bälle auf den Torwart

Auf folgende Punkte müssen Torhüter dabei insbesondere achten:

- vollständige Positionierung des gesamten Körpers hinter dem Ball
- größtmögliches Entgegenstrecken der Arme und Hände zum Ball
- eng aneinander liegende Ellbogen, um ein Durchrutschen des Balls zu verhindern
- erster Ballkontakt erfolgt durch die Arme, wobei der Oberkörper über den Ball gebracht und dieser von den Händen umschlossen wird
- Lockerheit und Entspanntheit
- kein zu großer Grätschstand, um ein Durchgleiten des Balls zu verhindern

Hohe Bälle auf den Torwart

Auf folgende Punkte müssen Torhüter dabei insbesondere achten:

- Fangen des Balls mit gestreckten Armen vor dem Körper am höchsten Punkt
- offene Hände und gespreizte Finger beim Ballfangen, wobei sich die Daumen hinter dem Ball befinden (Daumen und Zeigefinger bilden dabei ein Dreieck)
- Nachgeben der Hände im Moment des Ballkontakts
- sicheres Umfassen und Zur-Brust-Ziehen des Balls

Wahrnehmungsspiele

Einleitung eines Angriffs

In einer Entfernung von zehn bis zwölf Metern stehen sich zwei Torhüter (alternativ ein Torwart und ein Spieler bzw. Trainer) gegenüber. Jeweils rechts und links von ihnen wird zudem ein 5-Meter-Quadrat abgesteckt, das jeweils vier Meter von seinem benachbarten Viereck entfernt ist. Die beiden Torhüter stellen sich anschließend mit Ball jeweils mittig zwischen ihren beiden Quadraten auf. Anschließend versuchen beide Kinder gleichzeitig, ihren Ball in eines der beiden Quadrate des jeweils anderen zuwerfen. Ziel dabei ist einerseits, eines der Felder des gegnerischen Torhüters zu treffen und darauf zu hoffen, dass dieser den Ball nicht pariert. Andererseits muss natürlich auch der vom anderen Torhüter in die eigenen Quadrate zugeworfene Ball selbst pariert werden.

2 x 2-gegen-1-Situation

Für die zweimalige 2-gegen-1-Situation wird zunächst ein 20 x 10 Meter großes Spielfeld mit einer Mittellinie abgesteckt, auf dem zwei Angreifer gegen einen Verteidiger sowie einen Torhüter spielen. Die Angreifer stellen sich jeweils in der oberen Feldhälfte, der Verteidiger auf der Mittellinie und der Torhüter auf der unteren Grundlinie auf. Die Übung beginnt mit Ballbesitz der Offensivspieler, die den Verteidiger so überwinden müssen, dass einer der beiden Stürmer die Mittellinie, auf der der Verteidiger steht, überdribbeln kann, sodass beide Angreifer nun in einer 2-gegen-1-Situation auf den Torhüter treffen. Der Torhüter darf jedoch erst dann in die 2-gegen-1-Situation gehen, wenn beide Angreifer die Mittellinie passiert haben.

Die Box

Für die Übung „Die Box" wird zunächst ein 6 x 6 Meter großes Spielfeld abgesteckt, in dem sich der Torhüter positioniert. Um das Feld herum stellt sich zudem jeweils ein Spieler acht Meter außerhalb des Feldes an allen vier Seiten mit Ball auf. Die Übung beginnt auf das Kommando des Trainers. Dieser nennt einen der vier Feldspieler beim Namen, dessen Aufgabe es nun ist, mit dem Ball ins Feld zu dribbeln und den Torwart innerhalb des Quadrats zu umspielen. Aufgabe des Torhüters ist es wiederum, das Kommando des Trainers sowie die Position des aufgerufenen Spielers wahrzunehmen und den Ball in einer 1-gegen-1-Situation erfolgreich zu sichern.

ENTSCHEIDUNGSFINDUNG FÖRDERN

Torschuss im 2 gegen 1

Die Übung „Torschuss im 2 gegen 1" zielt darauf ab, dass der Torhüter lernt, in welchen Spielsituationen er die Torlinie verlassen muss und wann er besser im Tor verweilen sollte. Um die Entscheidungsfindung des Torhüters zu schulen, stellt sich dieser auf der Torlinie auf. Vor ihm bringen sich außerdem ein Verteidiger und 25 Meter vom Tor entfernt zwei Angreifer in Position. Aufgabe der Angreifer ist es nun, den Verteidiger im 2 gegen 1 so zu überwinden, dass einer von beiden innerhalb von sechs Sekunden aufs Tor angreifen kann.

Variation: Die Übung wird im 2 gegen 2 gespielt, wobei die Angreifer auf Höhe des Strafraums auf die Verteidiger treffen. Die Aufgabe des Torhüters ist es nun, nicht nur die richtige Entscheidung zu finden, sondern auch ein optimales Stellungsspiel abzurufen und im Moment des Torschusses eine richtige Bereitschaftsstellung einzunehmen. Seine Entscheidung wird primär dafür verantwortlich sein, ob die Angreifer einen direkten Torerfolg haben, ein Tor mit einem Nachschuss erzielen können oder ob der Torhüter den Ball erobern kann.

Torschuss mit Finten

Für den Torschuss mit Finten werden zwölf Meter von der Torlinie entfernt zwei Starthütchen aufgebaut, an denen sich die Spieler gleichmäßig mit Ball aufstellen. Der Torhüter positioniert sich außerdem im Tor. Die Spieler dribbeln nun abwechselnd von der Strafraumlinie aus zum Hütchen, führen davor eine Finte nach innen oder außen aus und versuchen anschließend, ein Tor zu erzielen. Den Angreifern ist es jedoch auch erlaubt, nach dem Ausführen der Finte weiter mit dem Ball zu dribbeln und die Torhüter im direkten 1 gegen 1 unter Druck zu setzen. Aufgabe des Torhüters ist es wiederum, zu beobachten, sich im optimalen Stellungsspiel auf den Torschuss vorzubereiten und sich dann zu entscheiden, ob der Angreifer den Ball in die linke oder die rechte Ecke oder in die Mitte des Tores schießt oder ob dieser vielleicht das direkte 1 gegen 1 sucht, sodass der Torhüter aus dem Tor herauskommen muss.

Flanken-Total

Für das Flanken-Total werden zwei Jugendtore in einem Abstand von zehn bis fünfzehn Metern gegenüber voneinander aufgestellt. Außerdem wird etwa zehn bis fünfzehn Meter zu beiden Seiten des Tores jeweils ein Hütchen platziert, an denen sich jeweils ein Trainer bzw. ein Spieler aufstellt. Der Torhüter positioniert sich im Tor und zwei Angreifer sowie ein Verteidiger positionieren sich zwischen den beiden Toren.

Die Übung beginnt, indem einer der beiden Trainer bzw. Spieler am Außenhütchen eine Flanke vor das Tor schlägt. Ziel der Angreifer ist es nun, diese Flanke zu verwerten, wohingegen der Torhüter und der Abwehrspieler diese entschärfen müssen. Hierbei ist insbesondere die Kommunikation zwischen Torwart und Verteidiger wichtig sowie die Entscheidung des Torhüters, sich aktiv von der Torlinie zum Ball hin zu bewegen und diesen zu blockieren bzw. zu fangen oder auf der Torlinie zu bleiben, weil es entweder dem Abwehrspieler gelingt, die Hereingabe zu verteidigen, oder weil diese direkt auf einen Angreifer gespielt wird, der den Torhüter testet.

Das Stellungsspiel

Grundsätzlich sollte jeder Torhüter dazu in der Lage sein, sich so zwischen den beiden Pfosten eines Tores zu positionieren, dass er bei der Abwehr gegnerischer Angriffe eine möglichst hohe Erfolgsquote mit möglichst geringem Bewegungsaufwand erzielt. Je besser seine Fähigkeiten, sich im bzw. vor dem Tor zu postieren, dabei sind, umso weniger ist er dazu gezwungen, grenzwertige Aktionen auszuführen.

Ein gutes Stellungsspiel eines Torhüters zeichnet sich dadurch aus, dass er gegnerische Bälle scheinbar magnetisch anzieht und diese immer genau auf ihn zufliegen. In der Regel beginnt die Abwehraktion eines Keepers dabei immer von einer imaginären Linie (der **Winkelhalbierenden**) aus, die von der Mitte der Torlinie zum Ball hin verläuft. Je weiter sich der Torhüter dabei auf dieser imaginären Linie in Richtung des ballbesitzenden Angreifers bewegt, umso stärker verkleinert er den Schusswinkel des Offensivspielers und verstärkt zur selben Zeit den Druck auf den Angreifer. Außerdem kann er somit nicht nur seine körperliche Reichweite einschränken, sondern auch seine Abwehrtechniken minimieren, um ein Gegentor verhindern zu können.

Um die systematische Analyse des Torhüterspiels, die Bereitschaftsstellung, das Stellungsspiel sowie die aus dem Torwartspiel abzuleitenden Fehler und die individuelle Entwicklung der Fähigkeiten des Torhüters in den entsprechenden Trainingseinheiten besser zu fördern, wird der **Strafraum** grundsätzlich in **drei Zonen** eingeteilt. Für jede der drei Zonen gelten dabei verschiedene Torwartempfehlungen.

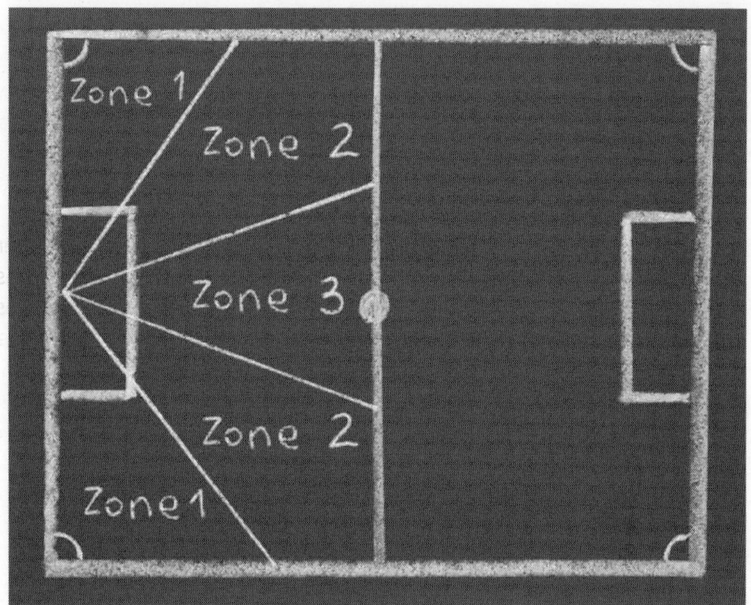

Zone 1 wird auch Standzone genannt. Sie erstreckt sich von der Grund- bzw. Torlinie bis zur gedachten Linie in der Mitte des Tores. Durch „Großbleiben" kann der Torwart Zone 1 mit seinen Händen und Füßen abdecken, ohne dabei springen oder fallen zu müssen. Idealerweise stellt sich der Torhüter hierbei in der Mitte des Tores auf, sodass er mit einem Schritt nach links oder rechts das gesamte Tor abdecken kann. Bei einem Schuss aufs Tor gehen Oberkörper und Hände dem Ball entgegen, um diesen zu fangen.

Zone 2 ist die sogenannte Stütz- und Kippzone, die sich von der Linie der Tormitte über das Torraumeck bis hin zum Schnittpunkt der Strafraumlinie bzw. des Torkreises erstreckt. Nahdistanz-Schüsse können durch in der Zone mittig positioniertes Stellungsspiel problemlos ohne Sprünge abgewehrt und häufig ohne zu fallen pariert werden.

Zone 3 ist die Abdruckzone, die in Dreiecksform von der Mitte des Tores bis zu den jeweiligen Schnittpunkten der Strafraumlinie bzw. des Torkreises verläuft. Schießen Gegenspieler aus dem Zentrum heraus aufs Tor, muss der Torhüter näher an den Ball heranrücken, wobei die optimale Position etwa vier bis fünf Meter vom Tor entfernt ist. Dadurch wird nicht nur die Einschusszone des Angreifers verkleinert, sondern auch Druck auf diesen ausgeübt und somit ein präziser Abschluss erschwert.

Im Allgemeinen gibt es im Fußball fünf fundamentale Bereiche, in denen das Stellungsspiel des Torhüters von zentraler Bedeutung ist:

- bei der Verteidigung von Torschüssen,
- bei der Verteidigung von hohen und flachen Flanken,
- bei Freistößen oder Elfmetern,
- in Situationen im 1 gegen 1 und
- bei der Beweglichkeit und den Reflexen.

Eine der Hauptaufgaben von Torhütern ist die Verteidigung von Torschüssen und von hohen sowie flachen Flanken, weshalb diese immer fester Bestandteil der Trainingseinheiten sein sollten. Torschüsse und Flanken sollten dabei vom Torwart entweder abgefangen und somit gesichert oder pariert werden, wobei diese in Tornähe erneut gefährlich werden können, wenn die angreifende Mannschaft versucht, diese erneut zu verwerten und den Torhüter dabei unter Druck zu setzen. Bei gegnerischen Freistößen oder Elfmetern kommt es in erster Linie darauf an, dass der Torhüter sowohl die Körpersprache als auch die Ausführung des Freistoß- oder Elfmeterschützen wahrnimmt und interpretiert. Besondere Aufmerksamkeit sollte im Zuge dessen dem Blick, den Hüften sowie dem Anlauf des Gegners geschenkt werden. Mit zunehmender Erfahrung wird es dem Torhüter jedoch immer leichter fallen, die Richtung und Flugbahn eines Freistoßes oder Elfmeters vorherzusehen. Sollte es der gegnerischen Mannschaft gelingen, im Spiel bis zum Strafraum vorzudringen und eine 1-gegen-1-Situation mit dem Torhüter als letzten Spieler vor dem Torerfolg zu erzwingen, sollte der Torwart immer den Winkel zum Tor verkürzen und seine gesamte Körperfläche nutzen, um ein Gegentor zu verhindern. Neben der technischen und taktischen Vorgehensweise sowie dem Stellungsspiel beim Verteidigen von Torschüssen, Flanken, Standards und der direkten 1-gegen-1-Situation sind darüber hinaus auch die Beweglichkeit sowie die Reaktionsschnelligkeit des Keepers für die Sicherung des eigenen Tors zentral. Als Richtlinien zur Schulung des Stellungsspiels können sich Torhüter dabei an folgenden Leitlinien orientieren:

- adäquates Warm-up zur Prävention von Verletzungen
- Anpassung technischer und konditioneller Übungsformen an Alter und individuelle Fähigkeiten → Entwicklung der Trainingsinhalte von einfach/leicht zu schwer/komplex
- kurze, dafür intensive und konzentrierte Trainingseinheiten zur Schulung des Stellungsspiels, praxisorientierte und spielnahe Trainingseinheiten
- Koordination sowie Konzentration als grundlegende Faktoren für das Stellungsspiel
- Torpfosten als zentrale Bezugspunkte, die zur Orientierung beim Stellungsspiel dienen

Übungen zum Stellungsspiel

Die Winkelhalbierende

Die Übung „Die Winkelhalbierende" soll unerfahrenen Torwärtern dazu verhelfen, auf der imaginären Linie, die von der Mitte der Torlinie zum Ball hin verläuft, eine optimale Bereitschaftsstellung und somit ein optimales Stellungsspiel einzunehmen. Hierfür stellt sich der Trainer mittig und einige Meter von der Torlinie entfernt auf. Dabei wird ein Seil am Knöchel des Schussbeins des Trainers befestigt, das außerdem zum linken sowie zum rechten Torpfosten gespannt wird. Aufgabe des Torhüters ist es nun, seine Position auf der Winkelhalbierenden, entsprechend den Bewegungen seines Trainers (links oder rechts), zu verändern. Im gleichen Atemzug kommt er dem Trainer, der in dieser Übung den Angreifer repräsentiert, so weit entgegen, dass er das Seil mit einem Ausfallschritt zur Seite berühren kann. Darüber hinaus sollte der Torhüter ebenfalls versuchen, den Schusswinkel mit seinen zur Seite ausgestreckten Händen zu verkleinern. Bleibt eine Lücke zwischen Torhüter und Torpfosten bestehen, hat sich der Keeper nur unzureichend zum Ball gestellt.

Die Anpassung

Für das zweite Stellungsspiel positioniert sich der Torhüter erneut auf der Torlinie. Am Rande des Strafraums stehen außerdem zwei Angreifer, die sich den Ball über eine Distanz von acht bis zwölf Metern zupassen. Während des Passspiels der Angreifer muss der Torhüter sein Stellungsspiel sowie seine Bereitschaftsstellung immer wieder der jeweiligen Position des Balls anpassen. Nachdem sich die Offensivspieler den Ball einige Male hin und her gepasst haben, muss sich einer von beiden dazu entschließen, den Torhüter mit einem überraschenden Schuss aufs Tor zu bezwingen, bevor dieser seine Bereitschaftsstellung, durch sein im Vorfeld optimiertes Stellungsspiel, einnehmen kann. Während der Übung steht der Torwarttrainer hinter dem Tor und beobachtet das Verhalten des Torwarts genau.

Der Mittelkreis

Sechs Spieler stellen sich in einem Kreis mit einem Durchmesser von 18 Metern auf. Innerhalb des Kreises wird zudem ein Dreieck mit Hütchen abgesteckt, dessen Seiten jeweils fünf Meter breit sind und als Torlinien fungieren. Die drei Torlinien werden dabei außerdem von einem Torhüter bewacht, der verhindern muss, dass die sechs Spieler den Ball von außerhalb des Kreises durch eines der Hütchentore schießen. Aufgabe des Torhüters ist es dabei, sich entsprechend der Position des Balles in kleinen Schritten zu bewegen, da er sein Stellungsspiel mit langen Schritten nicht der Position des Balles anpassen könnte. Darüber hinaus sollte der Keeper stets beobachten, in welche

Richtung der Ball zwischen den Angreifern gespielt wird, und die drei Tore mit einer optimalen Bereitschaftsstellung verteidigen.

Reaktionsschnelligkeit trainieren

Winkelschützen

Zur Schulung der Reaktionsschnelligkeit des Torhüters wird auf der Mitte der Torlinie eines großen Tores ein Hütchen aufgestellt, das als Startmarkierung für den Torhüter fungiert. Zwei Meter vor der Startmarkierung wird außerdem eine niedrige Hürde in schräger Laufrichtung sowie an der rechten Ecke des 5-Meter-Raums und auf Höhe des Elfmeterpunktes seitlich versetzt auf der gegenüberliegenden Seite eine Schussstation aufgebaut. Anschließend verteilt sich nun jeweils ein Spieler mit mehreren Bällen an beide Schussstationen. Der Torhüter postiert sich auf der Torlinie vor dem Hütchen und bewegt sich, sobald das Signal des Trainers erfolgt, in die Richtung des kurzen Torpfostens. Der erste Spieler, der am 5-Meter-Raum steht, spielt einen flachen und harten Pass aus einem spitzen Winkel aufs Tor, der vom Torwart erfolgreich pariert werden muss. Im Anschluss bewegt sich der Torhüter in die Richtung des anderen Torpfostens und überquert dabei die Hürde. Sobald er die Hürde passiert hat, schießt Spieler zwei, der auf Höhe des Elfmeterpunktes steht, in die obere Ecke des Tores.

Der ruhende Ball

Für die Übung „Der ruhende Ball" stellen sich drei Angreifer mit Ball an der Strafraumgrenze, der Torhüter auf der Torlinie sowie der Torwarttrainer hinter dem Tor auf. Anschließend signalisiert der Torwarttrainer den drei Angreifern, wer von ihnen seinen Ball aufs Tor schießen muss. Aufgabe des Torhüters ist es dabei, zu erkennen, welcher der drei Stürmer aufs Tor abschließen wird, und den Ball dann zu parieren.

Das Antäuschen

Beim Antäuschen stellen sich zwei Angreifer in einer Entfernung von 35 Metern zum Tor auf. Der Torwart steht im Tor und der Torwarttrainer dahinter. Die Übung beginnt, indem der Torwarttrainer einem der beiden Stürmer signalisiert, aufs Tor zu schießen. Anschließend dribbeln beide Angreifer im selben Tempo, mit einem Abstand von sechs Metern zueinander, auf den Torhüter zu. Haben die beiden Angreifer die im Vorfeld vereinbarte Schusslinienmarkierung erreicht, führen beide ihr Schussbein zurück, wobei jedoch nur einer von beiden (derjenige, der das Signal vom Trainer erhalten hat) aus etwa 20 Metern aufs Tor abschließt. Sollte der Torhüter den Ball erfolgreich parieren, können die Angreifer versuchen, ihren Torschuss mit einem Nachschuss abzuschließen.

Abfangen & Blockieren von hohen, halbhohen und flachen Bällen

In der Regel ist das Fangen oder das Blockieren des Balls die vom Torwart am häufigsten ausgeführte Technik. Das Fangen oder Blockieren des Balls kann dabei entweder beim gegnerischen Torschuss oder aber durch die Unterbindung eines gegnerischen Zuspiels geschehen. Hat der Torhüter keine Möglichkeit, den Ball mit beiden Armen zu blockieren, muss er diesen entweder zur Seite oder über die Latte des Tores hinaus lenken. Die Techniken zum Ablenken mit einer Hand gehören dabei wahrscheinlich zu den größten Herausforderungen, die ein Torhüter zu bewältigen hat. Kommt ihm ein Ball entgegen, muss er seine ballnahe Hand schlagartig zum Ball strecken und sein Körpergewicht zur gleichen Zeit auf das gebeugte Bein derselben Seite verlagern. Bei jungen und unerfahrenen Torhütern lässt sich im Zuge dessen häufig beobachten, dass sie versuchen, flache Bälle, die in eine Torecke geschossen werden, mit der ballabgewandten Hand zu verteidigen. Dabei reduziert der Torhüter jedoch seine eigene Reichweite erheblich und muss seinen gesamten Körper sowie seine Arme vollständig ausstrecken, um den Ball vom Passieren der Torlinie abzuhalten.

Bei der Mehrheit der gegnerischen Angriffe bremst der Keeper die Geschwindigkeit und Härte eines hoch, halbhoch oder flach fliegenden Balls durch sicheres Blockieren oder Fangen jedoch aus. Für das Abfangen und Blockieren sollte er dabei möglichst immer beide Hände nutzen und seine Finger weit ausstrecken, um dem Ball mit einer größtmöglichen Fläche zu begegnen. Kann der Torhüter den Ball sicher fangen, sollte er dafür seinen gesamten Körper hinter seine Hände bringen, um den Ball anschließend direkt und sicher zur eigenen Brust führen zu können. Im Gegensatz zum Fangen des Balls gibt es für das Blockieren auf dem Boden im Kniestand sowie für das Blockieren des Balls in der Luft drei goldene Regeln:

- Der Torhüter sollte seinen Körper, nach Möglichkeit, immer hinter den Ball bringen.
- Sobald der Torhüter den Ball sichern konnte, sollte er diesen zur Brust führen, um das potenzielle Durchrutschen des Balls durch die Hände zu verhindern.
- Der Aufprall des Balls sollte so weit wie möglich mit den Händen gedämpft werden.

Nachdem der Keeper den Ball sicher im Sprung oder im Stand gefangen hat, beginnt unmittelbar daran anknüpfend das Angriffsspiel des Torwarts, das oftmals mit einem gezielten Abwurf zu einem freien Mitspieler oder durch einen weiten Abschlag mit dem Fuß eingeleitet wird.

Schneller Torschuss

Für den schnellen Torschuss stellen sich der Torhüter im Tor und drei Angreifer sowie der Torwarttrainer innerhalb des Strafraums auf. Die Übung beginnt, indem der Torwarttrainer den Ball, von der Nähe der Torlinie aus, zu einem der Angreifer passt, die alle in unterschiedlichen Angriffspositionen am Strafraumrand auf das Zuspiel warten. Der Spieler, der den Ball vom Torwarttrainer zugepasst bekommt, wird automatisch zum angreifenden Spieler, während die beiden anderen Spieler zu Verteidigern werden, die gemeinsam mit dem Torhüter versuchen müssen, den Angreifer am Torabschluss zu hindern.

Flankenfangen

Das Flankenfangen wird auf einem Erwachsenenspielfeld geübt. Dafür wird auf beiden Seiten des Strafraums ein Hütchen aufgestellt, an dem sich jeweils ein Spieler mit Bällen postiert. Auf der Torlinie werden drei kleine Hürden aufgebaut, die der Torhüter überwinden muss. Etwa 30 Meter von der Torlinie des Tores entfernt, wo sich der Torhüter in Position bringt, wird zudem ein zweites Tor aufgestellt.

Wenn das Flankenfangen bei Spieler 1, der am linken seitlichen Strafraumrand steht, beginnt, startet der Torwart von der ballentferntesten Hürde, wobei er alle Hürden seitlich mit nur zwei Kontakten innerhalb jeder Hürde überqueren, anschließend den Innenpfosten berühren und sich dann schnellstmöglich in eine optimale Position innerhalb des 5-Meter-Raums begeben muss, in den Spieler 1 eine hohe Flanke schlägt, die vom Torhüter gesichert werden muss. Hierfür springt er mit ausgestreckten Armen in die Flugrichtung des Balls und sichert diesen am höchsten Punkt der Flugkurve. Wenn er den Ball erfolgreich sichern konnte, geht er einige Schritte vorwärts und schießt den Ball aus der Hand heraus in das gegenüberstehende Tor. Im Anschluss läuft der Torhüter so schnell wie möglich zu der Hürdenreihe zurück, startet nun von der anderen Seite aus und bekommt von Spieler 2 eine Flanke in den 5-Meter-Raum zugespielt.

Torschuss mit Nachschuss

Für den Torschuss mit Nachschuss wird 30 Meter von der Torlinie entfernt ein Starthütchen aufgestellt, an dem sich die Hälfte aller Spieler (Spieler A) aufstellen. Die andere Hälfte der Spieler (Spieler B) stellen sich ebenfalls mit Ball an der Grundlinie zwischen Torpfosten und Strafraumlinie auf. Der Torhüter positioniert sich außerdem im Tor. Spieler A beginnt die Übung, indem er mit Ball einige Meter Richtung Tor dribbelt und aus 18 bis 20 Metern darauf abschließt. Direkt im Anschluss bekommt er von Spieler B ein Zuspiel, das er nach Möglichkeit direkt verwandelt. Anschließend tauschen Spieler A und Spieler B die Aufgaben und die Positionen. Nach einigen Durchläufen sollte zudem die Seite gewechselt werden.

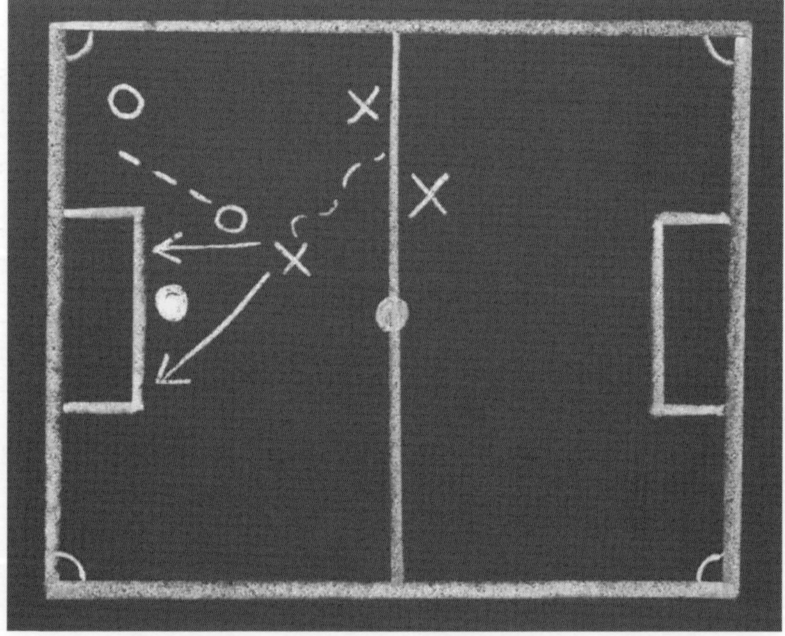

Variation: Spieler B macht einen Einwurf zu Spieler A, der das hohe Zuspiel an- oder mitnimmt und volley (Direktabnahme) aufs Tor abschließt.

Abpfiff

Die Entwicklung der Spielintelligenz ist im Fußball ein wesentliches Schlüsselelement für die Freude und den Erfolg beim Spiel. Während Athletik, Technik und mentale Faktoren wichtige Aspekte und Komponenten des Spiels sind, ist die Fähigkeit, die verschiedenen Spielsituationen auf dem Feld wahrzunehmen, diese zu verstehen und so oft wie möglich kluge Entscheidungen zu treffen, von entscheidender Bedeutung.

Die Spielintelligenz bezieht sich dabei einerseits auf das Verständnis des Spiels, das Erkennen von Mustern und das Antizipieren von Spielzügen. Andererseits umfasst die Spielintelligenz aber auch die Fähigkeit, schnelle Entscheidungen in Drucksituationen treffen zu können. Fußballer, die eine optimale Spielintelligenz entwickeln, sind dabei in der Lage, das Spiel zu lesen, Räume zu erkennen und den Ball in die richtigen Lücken zu spielen. Darüber hinaus können sie aber auch die Stärken und Schwächen ihrer Mitspieler und Gegner erkennen und ihr individuelles Spiel dementsprechend anpassen. Durch die Entwicklung und Ausbildung der Spielintelligenz können heranwachsende Fußballer nicht nur ihr individuelles Potential entfalten, sondern auch wundervolle Teamspieler werden.

Um die Spielintelligenz jedes einzelnen Spielers zu fördern, ist eine ganzheitliche Entwicklung, die den Spielern die Möglichkeit gibt, auf verschiedenen Positionen zu spielen und unterschiedliche taktische Formationen kennenzulernen, erforderlich. Dabei wird die Weiterentwicklung der Spielintelligenz durch die Schulung athletischer, technischer und mentaler Fähigkeiten sowie die Teilnahme an kleinen Spielformen und das Üben in kleinen Spielformaten, in denen sich die Kinder den jeweiligen Herausforderungen und Anforderungen stellen und kreative Lösungen finden können, möglich.

Nicht vergessen werden darf jedoch, dass die Entwicklung der Spielintelligenz ein fortlaufender Prozess ist, bei dem der Fußball in jüngeren Altersklassen eine wesentliche Grundlage legt, auf der in höheren Altersklassen und in anspruchsvolleren Spielstufen aufgebaut werden kann. Die Spielintelligenz entwickelt sich damit also im Laufe der Zeit und mit zunehmender Erfahrung der Spieler weiter. Dabei erfordert sie regelmäßiges Training, Spielpraxis, Motivation, Geduld und die Bereitschaft, sich permanent weiterzuentwickeln und immer besser zu werden.